BREMER BEITRÄGE ZUR LITERATUR- UND IDEENGESCHICHTE

Herausgegeben von Thomas Metscher und Wolfgang Beutin.
Mitbegründet von Dieter Herms

Band 61

PETER LANG
Frankfurt am Main · Berlin · Bern · Bruxelles · New York · Oxford · Wien

Aufklärung, Demokratie und die Veränderung
der gesellschaftlichen Verhältnisse

Johann Dvořák (Hrsg.)

Aufklärung, Demokratie und die Veränderung der gesellschaftlichen Verhältnisse

Texte über Literatur und Politik
in Erinnerung an Walter Grab
(1919–2000)

PETER LANG
Internationaler Verlag der Wissenschaften

Bibliografische Information der Deutschen Nationalbibliothek
Die Deutsche Nationalbibliothek verzeichnet diese Publikation
in der Deutschen Nationalbibliografie; detaillierte bibliografische
Daten sind im Internet über http://dnb.d-nb.de abrufbar.

Umschlaggestaltung:
Olaf Glöckler, Atelier Platen, Friedberg

Gedruckt mit Unterstützung des Bundesministeriums
für Wissenschaft und Forschung in Wien

Gedruckt auf alterungsbeständigem,
säurefreiem Papier.

ISSN 0941-1488
ISBN 978-3-631-55292-6
© Peter Lang GmbH
Internationaler Verlag der Wissenschaften
Frankfurt am Main 2011
Alle Rechte vorbehalten.

Das Werk einschließlich aller seiner Teile ist urheberrechtlich geschützt. Jede Verwertung außerhalb der engen Grenzen des Urheberrechtsgesetzes ist ohne Zustimmung des Verlages unzulässig und strafbar. Das gilt insbesondere für Vervielfältigungen, Übersetzungen, Mikroverfilmungen und die Einspeicherung und Verarbeitung in elektronischen Systemen.

www.peterlang.de

Johann Dvořák

Vorbemerkung

Aus Anlass des fünften Todestages von Walter Grab, des Historikers der Französischen Revolution und des radikaldemokratischen und revolutionären Denkens in Deutschland und in Österreich, veranstaltete das Institut für Wissenschaft und Kunst (IWK) in Wien eine Arbeitstagung, in der sowohl an seine beispielgebende wissenschaftliche Tätigkeit erinnert, als auch an einige von ihm behandelte Themen angeknüpft wurde. Der vorliegende Band versammelt Texte, die aus Tagungsvorträgen hervorgegangen, wie auch solche, die später verfasst und nunmehr eingefügt worden sind.

Wir betreiben Geschichte nicht (oder sollten sie nicht betreiben), um zu erfahren, „wie es eigentlich gewesen" ist, sondern um zu wissen, wie es eigentlich geworden ist. Das bedeutet: Wir wollen Ursachen und Wirkungen, kausale Zusammenhänge von gesellschaftlichen Vorgängen, kennen und Erklärungen für diese Vorgänge finden. In gewisser Weise beeinflussen unsere Anschauungen über vergangene Geschehnisse unser gegenwärtiges und zukünftiges Handeln.

Die Geschichtsschreibung ist allerdings seit ihren Anfängen das Feld für die Verdunkelung des Verständnisses von Ereignissen und gesellschaftlichen Prozessen gewesen – ein Arsenal der Ideen und der Rechtfertigung von Herrschaft, Ausbeutung und Unterdrückung. Demgegenüber können aber Historikerinnen und Historiker auch Stücke von Erfahrungen herausarbeiten, die zeigen, wie Kämpfe um eine Verbesserung des Daseins in der Vergangenheit geführt worden sind, welche Denk- und Handlungsweisen Erfolge und Misserfolge bei diesen Kämpfen verursacht haben; so vermag eine „Tradition der Unterdrückten" (wie sie Walter Benjamin bezeichnet hat) konstruiert und erinnert werden.

Die historische Erinnerung an die Entfaltung von eigenständiger Intellektualität und kollektiver Willensbildung auf der Grundlage demokratischer Diskussion, an die Betonung von Eigenaktivität und Selbstdisziplin an Stelle von zentraler Führung und Militarisierung der politischen Organisation, an die Verknüpfung von individuellem und kollektivem Selbstbewusstsein und Handeln kann darin bestärken, immer wieder von Neuem die Herstellung eines besseren, eines glücklichen Lebens für die große Zahl der Menschen zu versuchen.

Dazu hat Walter Grab mit seinem Lebenswerk beigetragen und mit den hier zusammengetragenen Aufsätzen wird versucht, diese Arbeit fortzusetzen.

Inhalt

Ernst Wangermann
Ansätze des demokratischen Denkens
in Österreich im späten 18. Jahrhundert 9

Johann Dvořák
Joseph von Sonnenfels und die Wiedereinführung der Literarität
in der Habsburger-Monarchie 19

Jost Hermand
Eine Rotte von Narren mit roten Kappen.
Goethes und Schillers Angriffe auf die deutschen Jakobiner 33

Lorenz Gösta Beutin
„Vox populi, vox Dei"
Zur romantischen Judenfeindschaft in den Märchen Wilhelm Hauffs 49

Wolfgang Beutin
Carl Gustav Jochmann: „Robespierre" 65

Wolfgang Häusler
Wiener Demokraten zwischen bürgerlicher Revolution
und sozialer Demokratie 1848 85

Heidi Beutin
Österreichische Dramatiker auf Berliner Bühnen um 1900
in der Kritik Franz Mehrings 105

Ernst Wangermann
Ansätze des demokratischen Denkens in Österreich im späten 18. Jahrhundert

Alle Historiker gehen in ihren wissenschaftlichen Arbeiten von bestimmten Voraussetzungen aus, die sowohl die Wahl ihrer Forschungsthemen als auch ihre Interpretation des erforschten Materials und dessen Darstellung beeinflussen. Viele scheinen sich dessen nicht bewusst zu sein. Wenige Historiker waren sich jedoch ihrer Voraussetzungen so klar bewusst oder haben darüber so offen Rechenschaft abgelegt wie Walter Grab. Seine Autobiographie beginnt mit folgendem Bekenntnis:

„Meine Autobiographie und meine historischen Forschungen sind unlöslich miteinander verbunden. Mein wissenschaftliches Interesse gilt der Demokratie, die (wie schon Montesquieu im 18. Jahrhundert feststellte) auf dem Gleichheitsprinzip beruht. Davon ausgehend bin ich der Überzeugung, daß der der gesamten Menschheitsgeschichte grundlegende Sinn darin besteht, zur Gleichheit, also zur Gleichwertigkeit aller Menschen zu streben."[1]

Diese Offenheit charakterisiert das ganze Werk Walter Grabs. Er hat damit scharfe Kritik von Seite jener Historiker hervorgerufen, die glauben (oder jedenfalls behaupten), dass ihre Forschungen und Darstellungen voraussetzungsfrei seien und in diesem Glauben (oder mit dieser Behauptung) einen Exklusivanspruch auf Wissenschaftlichkeit und Objektivität geltend machen wollen. Sie beschuldigen Walter Grab, seiner ideologischen Voraussetzungen zuliebe die historische Bedeutung der Demokraten im deutschsprachigen Bereich im Zeitalter der französischen Revolution maßlos übertrieben zu haben.[2]

Nach der sogenannten Wende hat sich diese Kritik radikal verschärft. Im Sommer 1995 nahm ich am 9. Internationalen Kongress zum Zeitalter der Aufklärung in Münster teil. Dort stellte Michael Schlott (damals Universität Hamburg) in einer Sektion die Ergebnisse einer aus öffentlichen Mitteln finanzierten Enquete über „Germanistische Jakobinismusforschung 1965-1990" vor.[3] In deren Verlauf waren angeblich hundert ungenannte Experten interviewt worden.

Hinsichtlich der Forschungen Walter Grabs kam die Enquete ungefähr zu folgendem Ergebnis: Grab stelle keine wissenschaftlichen Thesen auf, sondern trage apodiktisch ideal-typische Definitionen vor, und zwar auf eine Weise, dass sie sich wissenschaftlicher Diskussion und kritischer Prüfung entzögen. Seine

---
1   Walter Grab: Meine vier Leben. Gedächtniskünstler – Emigrant – Jakobinerforscher – Demokrat, Köln 1999, S. 7.
2   Zum Beispiel T. C. W. Blanning: The French Revolution in Germany. Occupation and Resistance in the Rhineland 1792-1802, Oxford 1983, S. 10f.
3   Kongressprogramm, S. 34.

Arbeiten hätten als historische Schützenhilfe für die längst nicht mehr aktuelle Politik des Alt-Bundespräsidenten Gustav Heinemann gedient und könnten daher im Jahre 1995 als Historiographie *ad acta* gelegt werden.[4] Derart glaubt man also in gewissen Kreisen, das nach der Wende nicht mehr zeitgemäß scheinende Werk des Historikers Walter Grab quasi „entsorgen" zu können.

Solche Aussagen richten sich selbst. Die Thesen Walter Grabs können, ebenso wie jene anderer Historiker des Zeitalters der Revolutionen, wissenschaftlich erörtert und geprüft, durch neue Forschungen bestätigt bzw. in Frage gestellt werden. Ich möchte das in diesem Beitrag versuchen, indem ich mich mit einer Frage befasse, die sich aufgrund der Terminologie stellt, die Walter Grab und einige andere Historiker dieser Epoche verwenden. Robert Palmers berühmtes zweibändiges Werk über die Zeit von 1760 bis 1800 trägt den Titel „The Age of the Democratic Revolution". Walter Grab, der sich um eine stichhaltige Definition des Begriffs „Jakobiner" im deutschsprachigen Bereich bemüht hat, setzt den Begriff mit „revolutionären Demokraten" gleich. In einer von ihm herausgegebenen Serie historischer Dokumente, „Deutsche revolutionäre Demokraten", trägt der dritte Band den Titel „Die Wiener Jakobiner". Ich möchte also hier die Frage aufwerfen, ob diese Begrifflichkeit zur politischen Entwicklung in Österreich passt, und untersuchen, was in Österreich im Zeitalter der französischen Revolution an demokratischem Gedankengut, und in Verbindung damit an revolutionären Perspektiven, die über leere Phrasen hinausgingen, zu finden ist.

Ich möchte gleich anfangs darauf hinweisen, dass mir der Demokratie-Begriff für diese Zeit sehr oft in einem sehr breiten und viel umfassenden Sinn verwendet zu werden scheint. Charakteristisch für die Aufklärer, sobald sie nicht nur religiöse, sondern auch soziale und politische Anliegen artikulierten, war ein adelsfeindlicher Affekt, die Ablehnung von Privilegien, die ausschließlich auf adeliger Geburt beruhten, und Empörung über adeligen Hochmut und die damit verbundene verschwenderische Lebensweise. Palmer ordnet alles, was mit diesem anti-aristokratischen Affekt zusammenhängt, dem Faktor „demokratische Revolution" zu. Dieser Affekt fehlte natürlich nicht in den österreichischen Schriften des josephinischen Jahrzehnts und kam auf verschiedenen Ebenen zum Ausdruck. Wir finden ihn zum Beispiel in den Reihen der niederen Beamten, die die Einführung des josephinischen Steuer- und Urbarialpatents vorbereiteten, das am 1. November 1789 in Kraft trat. Im Juni war bereits der erste publizistische Angriff von adeliger Seite auf diese tiefgreifende Reform erschienen, Ignaz Benedikt Heßls „Freimüthige Gedanken über das neue Grundsteuer Steuerrektifikationsgeschäft".[5] Der Verfasser prophezeite, dass die Reform, vor allem die

---

4   Nach meiner Erinnerung an die Sitzung, in der ich in der Diskussion intervenierte. Ich weiß nicht, was, wenn überhaupt, davon veröffentlicht worden ist.
5   Wien 1789; Zusammenfassung in: Ernst Wangermann: Die Waffen der Publizität. Zum Funktionswandel der politischen Literatur unter Joseph II., Wien 2004, S. 192ff.

Abgeltung aller obrigkeitlichen Forderungen mit maximal etwas über 17% des erklärten Einkommens der Bauern, die Erschütterung aller Majoratsgüter und den Ruin des größten Teils der Herrschaftsbesitzer zur Folge haben müsse. Die erste Gegenschrift, die nicht lange auf sich warten ließ, verfasste ein untergeordneter Beamter der niederösterreichischen Landesbuchhalterei. Er rechtfertigte die Kürze seiner Schrift mit seinen vielfältigen Amtsgeschäften bei der Vorbereitung der Reform, bezeichnete die Verpflichtungen der Bauern an ihre Grundherrn als Folge des Faustrechts, „wo der Adel den Bauern beim Schopfe nahm und ihm auf der Stelle bewies, dass er so viel geben sollte". Er kalkulierte, dass auch nach Einführung der Reform die Herrschaften „Herrn von Millionen" sein könnten, wenn sie sich nach der sparsamen Lebensweise Josephs II. richten würden.[6]

Das ist wirksame, bürgerliches Selbstbewusstsein artikulierende anti-adelige Polemik, impliziert jedoch an sich keine demokratischen oder revolutionären Positionen. Genau auf diese Unterscheidung verwies der aus Böhmen gebürtige absolvierte Jurist Heinrich Jeline, als er sich 1795 vor Gericht gegen die Anklage, wegen seiner ihm angelasteten „demokratischen Gesinnung" am Landesverrat teilgenommen zu haben, verteidigen musste. Schriftlich gab er Folgendes zu Protokoll:

> „Überdies ist der Name Demokrat oder demokratisch Gesinnter zu unsren Zeiten so schwankend, so unbestimmt, und so vielseitig, daß man unmöglich einen vollständigen und übereinstimmenden Begriff damit verbinden kann [...]. Ich schmachte als demokratisch Gesinnter beinahe 10 Monate in der schrecklichsten Lage, und was waren meine demokratischen Gesinnungen? Sie schränkten sich bloß auf folgende Grundsätze ein: Gewissens- und Denkfreiheit nebst dem Rechte alles zu tun, was dem Gesetze der Natur und den bestehenden politischen Gesetzen nicht zuwider ist [...]. Gleichheit der Rechte, damit die Tugenden und Talente der niedrigen Menschenklassen auch ohne standesmäßiger Geburt geschätzt und belohnt, und daß überhaupt mehr Verdienste, Kenntnisse, Edelmut und Rechtschaffenheit mehr in Betrachtung, als bloßer Reichtum und andere zufällige Vorzüge gezogen würden. Diese Grundsätze und keine andern habe ich gelegentlich geäußert, und vielleicht mich mit Wärme darüber erklärt, weil ich leider öfters Zeuge sein mußte, wie verächtlich einige [Adelige] von den *hommes de rien* sprachen, als wenn der Mittelstand keiner Tugend und Rechtschaffenheit fähig wäre [...]. [Es tat] mir sehr weh, wenn ich einige [Adelige] [...] behaupten hörte, daß es das größte Übel im Staate sei, wenn die *hommes de rien* Offiziere [...] und Räte, Hofräte, ja sogar einige Präsidenten werden. Welchem Mann wird man es denn zum Verbrechen anrechnen, daß er die Rechte jenes Standes verficht, zu welchem er selbst gehört? [...] Ich leugne es nicht, daß ich darüber [...] meine Meinung freimütig sagte, weil ich [...] Heuchelei für niederträchtig hielt; aber ich sehe nicht ein, wie man den Schluß daraus ziehen kann, daß ich

---

6 Sigmund Michl: Ein paar Worte über die letzthin erschienene Jeremiade, und wider die allzufreymüthigen und höchst unrichtigen Gedanken des Herrn Heßls wegen der neuen Steuerrektifikation, Wien 1789; Zusammenfassung in: Ernst Wangermann: Die Waffen der Publizität (wie Anm. 5), S. 196f.

mir Revolution wünschte, da ich mich doch öfters gegen alle Gewalttätigkeiten erklärte und die ungerechten Auftritte in Frankreich mit Verabscheuung mißbilligte."[7]

Auf die von Jeline am Schluss dieser Aussage angesprochene Problematik der Revolution und des gewaltsamen Umsturzes komme ich später noch zurück. Zunächst aber möchte ich auf Einiges hinweisen, was in den österreichischen Schriften dieser Zeit über die für den Demokratie-Begriff zentrale These von der Souveränität des Volkes bzw. der Nation und ihrer Teilnahme an der Gesetzgebung zu finden ist. Österreichs führender Politikwissenschaftler, wie wir heute sagen würden, Joseph von Sonnenfels, wandte sich der Frage schon 1771 zu, in dem Buch „Ueber die Liebe des Vaterlandes". In dem IV. Hauptstück, „Vortheile zur Verbreitung der Vaterlandsliebe in den Gesetzen", schrieb er:

„Es ist ein wesentlicher Punkt, um einem Volke seine Gesetze werth zu machen, daß die Gesetzgebung in den Händen derjenigen sey, welche in seinen Augen für einsichtsvoll gehalten werden. Die Götter fassen heute nicht mehr Gesetze ab, aber man lasse sie von denen abfassen, die den Göttern am nächsten kommen! Das sind die Weisen und Bürgerfreunde. Weis[e], das gründet die Vermuthung, daß sie es einsehen, was glücklich machen kann; Bürgerfreunde, sie wollen glücklich machen. Wo das ganze Volk an der Gesetzgebung Theil nimmt, hat diese Vermuthung etwas voraus."[8]

In der zweiten Auflage von 1785 ergänzte Sonnenfels den letzten Satz des zitierten Passus wie folgt:

„In Demokratien, wo das ganze Volk an der Gesetzgebung Theil nimmt, wo es aufgerufen wird, hinzugehen, und was dem gemeinen Wesen, ihren Kindern, zum Wohl, Heile und Glücke gereichen möge, die [dafür] vorgeschlagenen Gesetze, zu untersuchen etc., hat diese Vermuthung etwas voraus."

Für die Demokratie nimmt Sonnenfels hier lediglich einen Vorteil für die für ihn wesentliche Anhänglichkeit des Volkes an seine Gesetze in Anspruch, ohne um dieses Vorteiles willen die Demokratie zu fordern. Sonnenfels wog in diesem Werk die Vor- und Nachteile einer jeden Regierungsform gegeneinander ab. Obwohl er die Tendenz zu einer friedliebenden Außenpolitik auch als Vorteil eines demokratischen Staates hervorhob,[9] entschied er sich für die Monarchie als die beste Regierungsform, allerdings unter der Bedingung – in diesem Punkt mit dem oben zitierten Jeline durchaus einer Meinung –, dass Talente und Fleiß ohne Rücksicht auf Geburt „bis zu dem Throne vordringen" können. Eine weitere Bedingung für Sonnenfels' Zustimmung zur monarchischen Regierungsform war, dass „von Geschlechte zu Geschlechte ein guter Fürst dem andern auf

---

7 Schriftliche Aussage Jelines, zit. nach Franzjoseph Schuh: Schriftliche Aussagen verhafteter Jakobiner als historische Quellen und autobiographische Versuche, in: Ernst Wangermann, Birgit Wagner u. a. (Hrsg.): Die schwierige Geburt der Freiheit. Das Wiener Symposium zur Französischen Revolution, Wien 1991, S. 205f.
8 Joseph von Sonnenfels: Ueber die Liebe des Vaterlandes, Wien 1771, S. 60.
9 Ebd., S. 85.

dem Throne folgen [...] wird".[10] Auf den Einwand, dass das eine unrealistische Erwartung wäre, antwortete Sonnenfels, dass es nicht schwerer wäre, „sich eine Reihe tugendhafter Monarchen hintereinander zu denken, als [sich] ein ganzes Volk mit dem hohen Geiste und der Genügsamkeit [zu denken], wie sie der Bürger der Demokratie haben soll",[11] womit er in Anbetracht unserer seitherigen Erfahrungen vielleicht nicht ganz unrecht hatte. Jedenfalls kam Sonnenfels in dieser Frage in der „Liebe des Vaterlandes" über die gängige Vorstellung vom guten Fürsten, der sich von Weisen und Bürgerfreunden beraten ließ, nicht wirklich hinaus, blieb also hinter konsequent demokratischen Positionen weit zurück.

Einige weniger bekannte Schriftsteller des josephinischen Jahrzehnts kamen da schon etwas weiter. Der als Schauspieler in Schriftstellerkreisen etwas verpönte Johann Friedel forderte in einer 1786 veröffentlichten Schrift ein Mitspracherecht des Volkes bei der Gesetzgebung. Wenn die Gesetzgebung ihrem Zweck, nämlich das allgemeine Wohl zu befördern, entsprechen solle, dürfe sie den Fürsten und ihren Ministern nicht allein überlassen bleiben, sondern „das Volk muß selbst darüber nachdenken, selbst Vorschläge darüber machen können und dürfen".[12] Die dafür erforderlichen Daten und Informationen müssten dem Volk mittels der „Publizität der inneren Staatsgeschäfte" – so die Überschrift des zweiten Kapitels – zugänglich gemacht werden. Ähnliches forderte um dieselbe Zeit Johann Jakob Fezer, ein seit 1784 in Wien lebender Bürger der freien Reichsstadt Reutlingen. Es müsse „aufgeklärten Patrioten" erlaubt sein, über alle Gegenstände, die „das Wohl und Wehe ganzer Völker [betreffen], ihre Untersuchungen, Erfahrungen und Vorschläge mit der gesetzgebenden Macht in schuldigster Ehrfurcht [zu] theilen". Bei allen Gesetzesentwürfen sei „auch auf die Stimme des denkenden Publikums zu achten, die durch nichts unterdrückt werden dürfe."[13]

Abgesehen davon, dass sich keiner von diesen beiden Autoren über die konkrete Form Gedanken machte, in der das von ihnen geforderten Mitspracherecht bei der Gesetzgebung praktisch umgesetzt werden sollte, vermute ich, dass wir es hier eher mit liberalem als mit demokratischem Gedankengut zu tun haben. Friedel spricht zwar vom „Volk", Fezer jedoch von „aufgeklärten Patrioten" und vom „denkenden Publikum", Formulierungen, die auf eine Beschränkung des Wahlrechts auf das Bildungs- und Besitzbürgertum hinweisen, wie sie beispielsweise schon die erste französische Verfassung vorsah. Hinsichtlich dieser Verfassung, die im September 1791 in Kraft gesetzt wurde, muss daher ausdrücklich festgestellt werden, dass die in Österreich nachweislich verbreitete

---

10 Ebd., S. 94.
11 Ebd.
12 Johann Friedel: Historisch-philosophisch und statistische Fragmente, mehrentheils die oesterreichische Monarchie betreffend, Klagenfurt 1786, S. 38.
13 [Johann Jakob Fezer:] Wahrscheinlichkeiten, von einem unpartheyischen Beobachter entworfen, Philadelphia (= Wien) 1785, S. 95.

Begeisterung für diese Verfassung an sich kein Beweis für eine konsequent demokratische Ausrichtung ist.

Gerade als diese Verfassung in Kraft trat, waren in den Ländern des Habsburgerreichs die Stände wieder in Bewegung und die Landtage wieder einberufen worden. Sie hatten Erlaubnis, ihre Beschwerden über die Reformen Josephs II. seinem Nachfolger Leopold II. vorzulegen. Während die Ständeversammlungen vorrangig damit beschäftigt waren, fast alles Fortschrittliche in der Gesetzgebung Maria Theresias und Josephs II. wieder in Frage zu stellen, beantragte Sonnenfels als Referent einer von Leopold II. eingesetzten Kommission in politischen Gesetzessachen, dass die Landtage zukünftig bei wichtigen Veränderungen in den Gesetzen über deren „Anwendung" in dem jeweiligen Land einvernommen werden sollten. Im Staatsrat warnte der konservative Graf Hatzfeld den Kaiser vor Sonnenfels' philosophischen Grundsätzen, die „der Macht des Monarchen so entgegengesetzt" wären. In der kaiserlichen Resolution vom 3. August 1791 wurde Sonnenfels' Antrag dennoch angenommen.[14]

Nun hatte aber die politische Umwälzung in Frankreich, die aus den dreiteiligen Generalständen die unteilbare Nationalversammlung machte, die Landtage im Habsburgerreich, in denen – außer in Tirol – nur die privilegierten Stände wirksam vertreten waren, in den Augen der österreichischen Aufklärer zu einem nicht mehr akzeptablen Anachronismus gemacht. Vertreter städtischer Gruppen und Interessen schritten daher in einigen Ländern der Habsburgermonarchie zur politischen Agitation, verfassten Petitionen und sammelten Unterschriften zugunsten einer angemessenen Vertretung der Stadtbürger und Bauern in den Landtagen.[15] Als die Petitionen aus der Steiermark in der Hofkanzlei beraten wurden, beantragte Sonnenfels, auf dessen Antrag die Resolution vom 3. August 1791 ergangen war, dass die vier Klassen der Gesellschaft, Geistlichkeit, adelige Gutsbesitzer, Industriestand (Fabrikanten, Kaufleute, Hausbesitzer) und Bauern durch vier gleich große und gleichberechtigte Kurien von gewählten Abgeordneten im Landtag vertreten sein und dass die Abstimmungen nach Kurien erfolgen sollten.[16]

Ob Leopold II. sich zu einer derartigen Verfassungsreform entschlossen hätte, wenn er länger regiert hätte, darüber können wir nur spekulieren.[17] Sein Sohn und Nachfolger, Franz II., legte jedenfalls diese Reformprojekte seines verstorbenen Vaters schon in den ersten Wochen seiner Regierung *ad acta* und ließ

---

14 Ernst Wangermann: Von Joseph II. zu den Jakobinerprozessen, Wien 1966, S. 116. Dazu jetzt auch Stephan Wagner: Der politische Kodex. Die Kodifikationsarbeiten auf dem Gebiet des öffentlichen Rechts in Österreich 1780-1818 (= Schriften zur Verfassungsgeschichte 70), Berlin 2004, S. 62-65.
15 Ernst Wangermann: Von Joseph II. zu den Jakobinerprozessen (wie Anm. 14), S. 90-96.
16 Ebd., S. 89.
17 Das gesamte noch vorhandene Quellenmaterial dazu hat Stephan Wagner: Der politische Kodex (wie Anm. 14), zusammengetragen (S. 66-87).

Ansätze des demokratischen Denkens in Österreich 15

sich mit verblüffender Sorglosigkeit an der Seite und unter der Führung Preußens auf einen offensiven Feldzug gegen das revolutionäre Frankreich ein.[18] Danach hatten die österreichischen Aufklärer nur die Wahl, entweder zu resignieren oder sich auf den gefährlichen Weg der politischen Opposition zu begeben. All jene Aufklärer, die sich für das Letztere entschieden, kamen 1794 und 1795 unter die Räder der „Jakobinerprozesse". Sie versuchten, durch Produktion und Verbreitung von Flugblättern mit revolutionären Aufrufen, frechen, aufrührerischen Gedichten und Liedern, satirischen Kriegsgebeten und Ähnlichem der Regierung eine ernsthafte politische Krise zu suggerieren und sie damit zur Beendigung des Krieges und zur Rückkehr zu den aufgeklärten Reformen zu bewegen. Die militärischen Erfolge der Franzosen ermutigten sie auf diesem Weg.[19] Franz II. hatte keine großen Geistesgaben, aber er konnte hartnäckig sein. Auch nach dem Verlust der österreichischen Niederlande und dem polnischen Aufstand im Sommer 1794, entschloss er sich, gegen den Rat fast aller seiner Minister, den Krieg gegen Frankreich fortzusetzen und die Opposition im Innern mittels brutaler Repression zu vernichten.[20]

Nach ihrer Verhaftung im Spätsommer 1794 mussten die des Aufruhrs und Landesverrats angeklagten österreichischen Jakobiner ihre politischen Ideen und Absichten mündlich und schriftlich zu Protokoll geben. Nach diesen Aussagen glaube ich schließen zu müssen, dass eine konsequent durchdachte demokratische Gesinnung und die oft damit verbundene Akzeptanz politischer Gewalt und Revolution als unverzichtbare Mittel unter den Angeklagten nur Andreas Riedel und Franz von Hebenstreit zugeordnet werden können. Diese beiden waren allerdings die führenden Köpfe der oppositionellen Kreise in Wien. Riedel, schreibselig auch im Kerker, gab seine ganze Geschichtsauffassung detailliert zu Protokoll. In der ganzen bisherigen Geschichte sah er nichts als die ungerechte Herrschaft der Mächtigen und Reichen über die mit allen Lasten der Gesellschaft beladene Mehrheit. Diese tief verwurzelten Machtverhältnisse könnten auch aufgeklärte Herrscher wie Leopold II. beim besten Willen nicht wirklich ändern; sie wären der Boden, auf dem Revolutionen entstanden:

> „Eine Revolution [ist] demnach nichts als eine große Handlung der Gerechtigkeit, wodurch sich der niedrigste, unterdrückteste Teil der Menschen zu seiner natürlichen Menschenwürde emporschwingt und seine Unterdrücker zur strengen Rechnung zieht, sie zur Abtretung ihrer angemaßten Vorzüge mit geballter Faust zwingt

---

18 Ernst Wangermann: Kaunitz und der Krieg gegen das revolutionäre Frankreich, in: Grete Klingenstein, Franz A. J. Szabo (Hrsg.): Staatskanzler Wenzel Anton von Kaunitz-Rietberg. Neue Perspektiven zur Politik und Kultur der europäischen Aufklärung, Graz 1996, S. 138ff.
19 Ernst Wangermann: Von Joseph II. zu den Jakobinerprozessen (wie Anm. 14), S. 153-160.
20 Ebd., S. 161-174.

und mit jenen Gerichte hält, die sich erwiesener, um Rache schreiender Verbrechen der beleidigten Menschheit schuldig gemacht haben."[21]

Aus dieser Perspektive konnte Riedel die unter den österreichischen Aufklärern verbreitete Begeisterung für die französische Verfassung von 1791 nicht teilen. Erst 1793, als man anfing, wie er es ausdrückte, an das Volk und dessen Bedürfnisse zu denken; als man anfing „den Namen der letzten Menschenklasse schallen zu lassen", erst dann waren die Franzosen dort, wo sie hätten anfangen sollen:

> „...wenn jemand von Revolution redet, verlange ich Sansculottismus, das [heißt], der Aristokrat, der nur eine Revolution will, um den Monarchen zu beschränken, damit er seine eigene Macht erweitern könne [...], ist nicht mein Mann. Der [...] Mann vom mittleren Stande, der eine Revolution will, bloß um den Adel zu demütigen, an ihm zu rauben und sich auf seinen Ruinen zu erheben, ist nicht mein Mann [...] Der Sansculott aber, oder der Mann, der dahin zielt, der letzten Klasse Menschen, die unsere eigentlichen Wohltäter sind, in denen die Stärke der Staatsverfassung liegt, ihr Dasein erträglich oder angenehm zu machen, dieser ist mein Mann."[22]

Hebenstreit gab ähnliche Gedanken zu Protokoll. Die Gerechtigkeit fordere, „dass jeder Mensch sicher seie, mit mäßiger Anstrengung seiner Kräfte immer für alle Not geborgen zu sein". In der real existierenden gesellschaftlichen Ordnung hätten dagegen alle „von der täglichen Arbeit lebenden Menschen [...] im Erkrankungsfalle, oder wenn sie alt und gebrechlich werden, nichts". So wie für Riedel, war daher auch für Hebenstreit eine Revolution eine große Handlung der Gerechtigkeit, ein Abrechnen der Armen mit ihren Unterdrückern. Das „Eipeldauerlied", dessen Verfasser bis heute unbekannt ist und zu dem Hebenstreit eine heute verschollene Melodie komponierte, die seiner Verbreitung förderlich war, ist ein Aufruf an die ärmsten, untersten Klassen der Bevölkerung – an die Trager, Schiffleut, Hauer, Holzhacker, Kohlenbrenner, Handwerksgesellen und Bauern – sich gegen ihre Unterdrücker, die sie nur verachteten, aufzulehnen. Angesichts der Unterdrückung und Armut, unter der die arbeitende Mehrheit zu leiden hätte, zweifelte Hebenstreit nicht, dass eine Revolution in jedem Land und jederzeit im Bereich des Möglichen wäre. Es brauchte dazu nur eine Veranlassung, die in den „ordentlichen Lauf der Geschichte eingebettet ist", die also nicht willkürlich vom Zaun gebrochen werden könne. Nach dem Ausbruch einer Revolution müsse man versuchen, der Bewegung „eine solche oder eine andere

---

21   Schriftliche Aussage Riedels, zit. nach: Alfred Körner (Hrsg.): Die Wiener Jakobiner, Stuttgart 1972, S. 123. – Helmut Reinalter ordnet einige dieser Worte Hebenstreit statt Riedel zu, vgl. ders.: Einleitung, in: Helmut Reinalter, Anton Pelinka (Hrsg.): Die Anfänge der Demokratischen Bewegung in Österreich von der Spätaufklärung bis zur Revolution 1848/49. Eine kommentierte Quellenauswahl, Wien, Frankfurt am Main 1999, S. 21.
22   Schriftliche Aussage Riedels, zit. nach: Alfred Körner (Hrsg.): Die Wiener Jakobiner (wie Anm. 21), S. 111.

Richtung zu geben"²³, sonst wäre nichts gewonnen und die Revolution würde nur zerstörend wirken.

Neben Riedel und Hebenstreit wäre allenfalls noch der Protegé Riedels Georg Ruszitska zu nennen. Als Kanzleischreiber und Musiklehrer in kümmerlichen Verhältnissen lebend, verfasste er einen „Aufruf an das Landvolk" zur gemeinsamen notfalls bewaffneten Verweigerung der herrschaftlichen Forderungen. Indem er darin einiges von Georg Büchners „Hessischen Landboten" vorwegnahm, ist es wohl legitim, ihn als revolutionären Demokraten zu charakterisieren.²⁴

Im Lichte des hier angeführten Quellenmaterials, halte ich es nicht für angebracht, im Kontext von Österreich im späten 18. Jahrhundert, auch nicht in dem der in die Jakobinerprozesse mündenden politischen Strömungen, allgemein von einer demokratischen Bewegung zu sprechen und die in diesen Prozessen zu schweren Strafen verurteilten Österreicher verallgemeinernd revolutionäre Demokraten zu nennen. Auch wenn wir in Hinblick auf Westeuropa und Nordamerika in der Epoche von 1760 bis 1800 von einem „Age of the Democratic Revolution" sprechen wollen, so gab es in Österreich in dieser Zeit nur einige Ansätze des demokratischen Denkens, das in Druckschriften und einigen an den Herrscher gerichteten Anträgen Ausdruck finden konnte. Für entsprechendes demokratisches oder revolutionäres Handeln fehlten die Voraussetzungen – auch im aufgeklärten Absolutismus josephinischer und leopoldinischer Prägung. Mehr als lokaler Widerstand gegen Versuche, vor-josephinische Zustände wiederherzustellen, mehr als die Organisation und Koordination von Petitionen für die Vertretung der Stadtbürger und Bauern in den Landtagen, war nicht möglich. Die Voraussetzungen für die vorübergehend erfolgreiche Revolution in den österreichischen Niederlanden existierten nur dort. Im restlichen Habsburgerreich gab es Unzufriedenheit, Spannungen und Krisen, besonders in der Folge der militärischen Katastrophen in den Feldzügen von 1792 bis 1794, aber keine revolutionäre Situation, nur erste Ansätze einer demokratischen Bewegung und nur wenige revolutionäre Demokraten.²⁵ So bescheiden die Ansätze demokratischen

---

23   Schriftliche Aussage Hebenstreits, zit. nach: Alfred Körner (Hrsg.): Die Wiener Jakobiner (wie Anm. 21), S. 36; vgl. Ernst Wangermann: Josephiner, Leopoldiner und Jakobiner, in: Otto Büsch, Walter Grab u. a. (Hrsg.): Die demokratische Bewegung in Mitteleuropa im ausgehenden 18. und frühen 19. Jahrhundert (= Einzelveröffentlichungen der Historischen Kommission zu Berlin 29), Berlin 1980, S. 110f.
24   Robert Fleck: Ruszitska, Georg, in: Biographisches Lexikon zur Geschichte der demokratischen und liberalen Bewegungen in Mitteleuropa, 1. Band (1770-1800), hrsg. v. Helmut Reinalter, Axel Kuhn, Alain Ruiz, Frankfurt am Main 1992, S. 159f.
25   In Ungarn, auf dessen besondere Umstände ich hier nicht eingehe, waren es mehr als in den nicht-ungarischen Erbländern. Aber viele revolutionäre Demokraten gab es auch in Ungarn nicht. Vgl. Coloman Benda: Les Jacobins hongrois, in: Annales historiques de la Révolution française, Nr. 1, 1959, S. 45: „[...] tout le monde ne pouvait pas suivre le

Denkens in Österreich im späten 18. Jahrhundert waren, so wichtig wurden sie im 19. Jahrhundert für die Entwicklung des österreichischen politischen Bewusstseins. Und im „dumpfen Siechenhaus" (Anastasius Grün) der gegenwärtigen politischen Perspektivlosigkeit ist es keineswegs überflüssig an sie zu erinnern.

---

rhythme de l'évolution française et peu nombreux furent ceux qui arrivèrent au jacobinisme."

Johann Dvořák

Joseph von Sonnenfels und die Wiedereinführung der Literarität in der Habsburger-Monarchie

Vorbemerkung

Die habsburgische Gegenreformation nach 1600 hatte in Zentraleuropa die bereits vorhanden gewesenen Ansätze ökonomischer und politischer Erneuerung (die Überwindung der Leibeigenschaft, die Anfänge kapitalistischer Entwicklung, konstitutionelle Errungenschaften; die „Kultur des Buches" verknüpft mit einer „Kultur der Arbeit") gründlich zerstört und die hochentwickelte Region in eine ökonomisch und kulturell unterentwickelte Zone verwandelt (mit Wiedereinführung der Leibeigenschaft, Herstellung eines allgemeinen Analphabetismus...).

Unter der Herrschaft Maria Theresias und ihres Sohnes Joseph II. wurde der Versuch einer umfassenden Neugestaltung des Staates unternommen: einer Neugestaltung des Militärs, der Finanzen, der Verwaltung, der Erziehung, der Wirtschaft und (in einem gewissen Ausmaß) auch der Religion. Es handelte sich hiebei um die Gleichzeitigkeit von Reformen zwecks Stärkung der absolutistischen Herrschaft und der Aufholung von ökonomischer Rückständigkeit (die vom habsburgischen Absolutismus selbst bei seiner Etablierung im Zusammenhang mit der Gegenreformation im 17. Jahrhundert verursacht worden war).

Ernst Wangermann hat die Reformvorgänge in der Habsburger Monarchie im 18. Jahrhundert mit den folgenden Sätzen beschrieben: Nach den militärischen Niederlagen gegen Preußen, nach dem Verlust Schlesiens, war Maria Theresia

> „entschlossen, Schlesien in einem neuen Waffengang zurückzugewinnen. Dieser Entschluß war der Ausgangspunkt des großen Reformwerks, das mit ihrem und dem Namen ihres Sohnes Joseph verbunden ist. Angefangen wurde mit der Reform der Armee. Dies zog Reformen auf anderen Gebieten nach sich. Die erhöhten Militärausgaben machten eine wesentliche Erhöhung der Steuern notwendig, die aber nur durch weitreichende konstitutionelle, politische, wirtschaftliche und administrative Reformen erzielt werden konnte.
> Um die Reformen zu verwirklichen, war ein neuer Verwaltungsapparat erforderlich, und um die notwendigen Staatsbeamten heranzubilden, mußte ein von klerikaler Kontrolle [...] befreites Unterrichtssystem aufgebaut werden. Der aufgeklärte Absolutismus entstand daher in Österreich, ähnlich wie in anderen Staaten, infolge gewisser praktischer Notwendigkeiten und nicht durch irgendeine Überzeugung. [...] Daraus darf natürlich nicht gefolgert werden, daß die Philosophie und die politischen Theorien des 18. Jahrhunderts für das Studium des aufgeklärten Absolutismus nicht von Bedeutung sind. Denn bei der praktischen Durchführung der Reformen spielten die Philosophen und ihre Schüler eine bedeutende und folgenreiche

Rolle. Sie irrten sich in ihrem Glauben, sie hätten die Herrscher bekehrt. Es war jedoch die unverkennbare Übereinstimmung zwischen vielen Reformen und den von ihnen propagierten Grundsätzen, die zu dieser Illusion führte. Das war auch vollkommen berechtigt, insofern hiedurch eine gewisse, wenn auch begrenzte, Identität der Interessen der Monarchie und jener Klassen, die sich für die Aufklärung begeisterten, zum Ausdruck kam. Um ihre finanziellen Hilfsquellen zu vermehren, brauchte die Monarchie ein zahlreicheres und wohlhabenderes Bürgertum. Um die kurzsichtige Opposition des Adels und der Geistlichkeit gegen die Einschränkung ihrer Privilegien zu bekämpfen, benötigte sie die ideologischen Waffen der bürgerlichen Philosophen, Universitätsprofessoren und Publizisten. Zur Durchführung des großen Reformprogramms mußte sie sich auf die Initiative und den Enthusiasmus der von den Universitätsprofessoren ausgebildeten Beamten verlassen."[1]

Die an den maria-theresianisch-josephinischen Reformen beteiligten Intellektuellen mussten im Reich der Habsburger vor dem Hintergrund der kulturellen und ökonomischen Verwüstungen der Gegenreformation schreiben und politisch handeln, ohne die historischen Ursachen der bestehenden Probleme so recht beim Namen nennen zu dürfen.

Betrieben werden konnte eine Anpassung katholisch-religiöser Praktiken an die Erfordernisse fortgeschrittener Herrschaftspraktiken der Habsburger.

Gerne, und immer wieder, wird im Zusammenhang mit den Reformversuchen in der Ära Maria Theresias und Josephs II. und der Tätigkeit diverser Intellektueller von „gemäßigten" Aufklärern (ja geradezu „staatstreuen Intellektuellen") geschrieben; offenbar im Unterschied zu rabiateren, weil unabhängigen, der Sphäre der politischen Macht fernen, Dichtern und Denkern in deutschen Landen.

Aber die österreichischen Reform-Intellektuellen agierten oft als Beamte innerhalb des (zu erneuernden) Staatsapparates eines großen Imperiums (nicht eines kleinen Fürstentums); ihre Tätigkeit zielte nicht auf Geniekult und nicht darauf, in der fernen Zukunft in ihrer Bedeutung erkannt zu werden, sondern auf politische Wirksamkeit im Hier und Jetzt, auf politische Praxis.

Wenn das Ausmaß der unmittelbaren Abhängigkeit der österreichischen Reform-Intellektuellen von den Herrschern ins Kalkül gezogen wird, dann sind ihr Sinn für eigenständiges Denken und Handeln, ihr Mut und ihre Ausdauer enorm gewesen und sind bis heute beispielhaft (und kaum je wieder erreicht worden).

An der Spitze der Reformen standen drei Personen: der Schlesier Friedrich Wilhelm von Haugwitz (1702-1765), der Holländer Gerhard van Swieten (1700-1772), der Leibarzt Maria Theresias, und der aus Mähren stammende spätere Staatskanzler Wenzel Anton von Kaunitz (1711-1794).[2]

---

[1] Ernst Wangermann: Von Joseph II. zu den Jakobinerprozessen, Wien, Frankfurt, Zürich 1966, S. 14f.

[2] Grete Klingenstein: Staatsverwaltung und kirchliche Autorität im 18. Jahrhundert. Das Problem der Zensur in der theresianischen Reform, Wien 1970, S. 80ff.

Haugwitz setzte seine „Kreaturen" in die höchsten Stellen, aber auch in die mittleren Ränge der Länderverwaltungen; Kaunitz hatte „das Personale nach seiner Willkür ausersehen". So vernehmen wir es in den Klagen eines konservativen hohen Aristokraten, des Fürsten Johann Josef Khevenhüller, der voller Sorge geraten hatte, „dem Adel nicht die Hoffnung zu benehmen, zu den obristen Stellen in denen Ländern zu gelangen."[3]

Die 1748/49 begonnenen Staatsreformen stützten sich wesentlich auf die neue bzw. sich mit den Reformideen identifizierende Beamtenschaft. Die Beamten sahen sich in der Folge nicht als Diener, als Knechte der Fürsten, sondern als Diener des Staates und waren als solche auch an rechtlichen Regeln für alle und an der Vorstellung vom Herrscher als höchsten Diener des Staates interessiert.

Das besonders Bemerkenswerte an den österreichischen Aufklärern (und beispielhaft an Sonnenfels) war, dass sie politische Praxis mit Theorie-Entwicklung und Bildungsarbeit im Beamtenapparat und an den Universitäten sowie mit der Herstellung von Öffentlichkeit zu verbinden trachteten.

Von außen wurde eher die schriftstellerische, die publizistische Tätigkeit gesehen; jedoch wurde diese kaum je im Zusammenhang mit der dazugehörigen politischen Praxis in der Habsburger-Monarchie wahrgenommen.

Einige Bemerkungen zum Leben und zu späteren biographischen Darstellungen von Joseph von Sonnenfels

> „Sonnenfels, Joseph von (1733-1817): Leading figure of the Austrian Enlightenment. The greatest authority in the field of administrative science, he combined an administrative career with vigorous academic, literary and journalistic activities [...]. In 1762 he became professor of administrative science (Cameralwissenschaft) at Vienna [...]."[4]

Da schreibt im Jahre 1988 der Wiener Germanist Herbert Zeman in seinem Vorwort zu einer Neuausgabe der von Sonnenfels verfassten „Briefe über die Wienerische Schaubühne" davon, „daß die ‚Briefe über die Wienerische Schaubühne' (1768) an Lessing, den Sonnenfels später gegenüber Christian Adolf Klotz schmählich verriet, geschult sind."[5]

---

3 Zitiert nach: Grete Klingenstein: Staatsverwaltung und kirchliche Autorität im 18. Jahrhundert. Das Problem der Zensur in der theresianischen Reform, Wien 1970, S. 82f.
4 The Penguin Dictionary of Eighteenth-Century History. Edited by Jeremy Black and Roy Porter, Harmonsworth 1996, S. 691.
5 Herbert Zeman: Vorwort, in: Joseph von Sonnenfels: Briefe über die Wienerische Schaubühne. Hrsg. von Hilde Haider-Pregler, Graz 1988, S. IX.

Und der Lessing-Biograph Erich Schmidt schrieb: „Da war der Theaterzensor Herr v. Sonnenfels, der, einer aus Preußen eingewanderten getauften und geadelten Judenfamilie entsprossen, seine zähe Kraft nie ohne selbstische Motive zur Hebung des geistigen und geselligen Lebens in Österreich angestrengt hatte."[6]

Damit ist der Ton angegeben; unermüdlich werden Herkunft und Abstammung von Sonnenfels hervorgehoben und mit aktuellen Charaktermerkmalen verknüpft, wobei offene oder kodierte antisemitische Vorurteile einfach (wohl ohne böse Absicht, aber eben auch ohne die – in diesem Zusammenhang notwendige – besondere Sensibilität) reproduziert werden.

So heißt es im Nachwort zu der bereits erwähnten Neuausgabe der „Briefe über die Wienerische Schaubühne":

„Seine Persönlichkeit war schon für seine Zeitgenossen schwer durchschaubar, zwiespältig und widerspruchsvoll. Im persönlichen Umgang meist rücksichtslos und nur auf ein Herausstreichen der eigenen Verdienste bedacht, trat er hingegen in der Öffentlichkeit als mutiger Verfechter der Ideen der Aufklärung, als Sprecher des Bürgertums und, bei aller Verehrung für das Kaiserhaus, als Kritiker der französisch dahinplaudernden, adeligen Nichtstuer und ihrer Nachahmer in der Bourgeoisie auf."[7]

Und sogleich wird angeführt:

„Schon 1778 fällte der Großherzog von Toskana, der nachmalige Kaiser Leopold II., das Urteil: ,Dieser Sonnenfels ist der Sohn eines getauften Juden, ein Mann von großem Talent, Tätigkeit, sehr fähig und ein großer Arbeiter, aber von Anmaßung und Eitelkeit, lobt sich immer selbst, äußerst fanatisch, macht alle Sachen mit dem größten Aufsehen und Publizität, spricht zuviel und rühmt sich zuviel, übernimmt viele Verpflichtungen, die er dann nicht erfüllen kann und er macht sich dann lächerlich.'"

Anschließend heißt es:

„Und so würdigten auch seine späteren Biographen die ihnen jeweils genehmen Charakterzüge des ‚österreichischen Lessing' oder ‚Montesquieu'."

Und dann folgen vier Zitate:

„Die Reinigung des Geschmacks, die Verbesserung der Sprache, eine gesittete Schaubühne, die Beförderung der Lektüre, all dieses dankt Wien Sonnenfelsen und macht sein Andenken unsterblich."

Dieses erste Zitat stammt aus dem Jahre 1778.

---

6 Erich Schmidt: Lessing. Geschichte seines Lebens und seiner Schriften. Zweiter Band [vierte durchgesehene Auflage], Berlin 1923, S. 126.
7 Hilde Haider-Pregler: Nachwort, in: Joseph von Sonnenfels: Briefe über die Wienerische Schaubühne, hrsg. von Hilde Haider-Pregler, Graz 1988, S. 358.

„Egoist, von maßlosem Eigendünkel erfüllt, eifersüchtig und unduldsam gegen andere Talente, insbesondere, wenn er besorgte, daß sie ihn verdunkeln, in seinem Einflusse beschränken oder gar verdrängen könnten."

So Constant von Wurzbach 1877; in einer Fußnote wird dazu angemerkt: „Mit dieser Einschränkung bemüht sich Wurzbach um eine objektive Einschätzung des Charakters und der Verdienste von Sonnenfels." Man wagt sich kaum vorzustellen, wie eine etwas weniger „objektive" Darstellung aussähe.

„Kein aus eigener Ideenfülle schöpferisch wirkender Geist [...], aber als ein rastlos thätiges Werkzeug der Josephinischen Aufklärung brach er in Österreich auf den verschiedensten Gebieten der neuen Zeit erfolgreich Bahn."

Dieses Zitat stammt aus dem Jahre 1892, und man muss dazu wissen, dass damals von den Antisemiten – im Gefolge Richard Wagners – den Juden jede originell schöpferische Fähigkeit abgesprochen wurde.

Und abschließend wird das Urteil von Hans Lentze aus dem Jahre 1972 zitiert:

„Er war der Mann des Übergangs vom ständischen Alteuropa zum neuen Europa, wie es sich seit der französischen Revolution herausbildete."[8]

Der „Mann ohne Vorurteile" wird zum „Mann des Übergangs" degradiert; er gehört so keiner Epoche richtig an und ist historisch entsorgt.

Es fügt sich insgesamt recht gut ein, wenn der als „Juden-Freund" geltende Lessing gleichsam als Kronzeuge gegen den „getauften Juden" Sonnenfels aufgerufen wird. Doch Lessing selbst taugt eben dazu nicht. Am 25. August 1769 schreibt Lessing in einem Brief an Friedrich Nicolai:

„Wien mag sein, wie es will, der deutschen Literatur verspreche ich dort immer noch mehr Glück als in Eurem französirten Berlin. [...] Sonst sagen Sie mir von Ihrer berlinischen Freiheit zu denken und zu schreiben ja nichts. Sie reduziert sich einzig und allein auf die Freiheit, gegen die Religion so viel Sottisen zu Markte zu bringen, als man will. Und dieser Freiheit muß sich der rechtliche Mann nun bald zu bedienen schämen. Lassen Sie es aber doch einmal einen in Berlin versuchen, über andere Dinge so frei zu schreiben als Sonnenfels es in Wien geschrieben hat; lassen Sie es ihn versuchen, dem vornehmen Hofpöbel so die Wahrheit zu sagen, als dieser sie ihm gesagt hat; lassen Sie einen in Berlin auftreten, der für die Rechte der Untertanen, der gegen Aussaugung und Despotismus seine Stimme erheben wollte, wie es itzt sogar in Frankreich und Dänemark geschieht: und Sie werden bald die Erfahrung haben, welches Land bis auf den heutigen Tag das sklavischste Land von Europa ist."[9]

Wenige Jahre später, am 10. April 1772, schreibt Lessing in Bezug auf Sonnenfels an seine Verlobte Eva König nach Wien:

---

8   Ebd., S. 358f.
9   Lessings Briefe in einem Band. Ausgewählt und erläutert von Herbert Greiner-Mai, Berlin und Weimar 1967, S. 198f.

"Da er Sie, meine Liebe, so freundschaftlich aufgenommen hat, so kann ich auf ihn nicht ganz böse sein, welches ich sonst von Grund der Seele wollte. Denn nach allem, was ich sonst von ihm höre, muß es der unerträglichste Narr auf Gottes Erdboden sein."[10]

In dieser Zeit hoffte Lessing auf eine Berufung in die kaiserliche Residenzstadt Wien (die schon infolge seines Protestantismus so gut wie nicht in Frage kam) und fürchtete alle möglichen Intrigen gegen seine Person, insbesondere auch von Sonnenfels.

Dafür gab es keine wirklichen Anhaltspunkte, außer den guten Beziehungen, die Joseph von Sonnenfels zu dem von Lessing bekämpften Christian Adolf Klotz (1738-1771) hatte.[11]

Aber Lessing vermutete und befürchtete mehr, als es zu wissen gab, und er hat Sonnenfels briefliche Äußerungen gegenüber Klotz (die nach dessen Tode publiziert und gegen Sonnenfels verwendet worden sind) zum Vorwurf gemacht.[12] Er schrieb diesbezüglich am 8. Jänner 1773 an Eva König:

"Ich bin besonders über eine [Stelle] nicht wenig aufgebracht gewesen; nämlich über die, wo er sagt, daß ich den Ruhm eines guten Mannes weniger habe als Klotz."[13]

Umso gewichtiger ist die Tatsache, dass Lessing dann nicht mit den antiaufklärerischen und konservativ-klerikalen Kräften sich zusammentun wollte und im gleichen Brief erklärte:

"Sie haben mich mitleidig gegen ihn gemacht, ohne es zu wollen. Auf wen alle zuschlagen, der hat vor mir Friede."[14]

Betrachten wir anstelle der antisemitischen (und auch anti-aufklärerischen) Agitation und der Charakterdiffamierung, die schon bei den Zeitgenossen vorhanden war, das Werk und das Wirken des Joseph von Sonnenfels, dann wird vielleicht auch deutlich, warum die Herabsetzungen der Person bis heute fortgesetzt werden.

Joseph von Sonnenfels (1733-1817) war ein weitgehend sich selbst gebildet habender Intellektueller, der Karriere machte in einer Zeit der Reformen in der Habsburger-Monarchie; seinen sozialen Aufstieg verdankte er seinen Leistungen.

Als Universitätsprofessor hatte er in Wien eine Lehrkanzel für Polizei- und Kameralwissenschaft inne und er bekleidete eine Reihe von beratenden und ad-

---

10 Ebd., S. 275.
11 Vgl. dazu auch: Briefe von Sonnenfels. Als Beitrag zu seiner Biographie. Mit einer Einleitung und Anmerkungen herausgegeben von Hermann Rollett, Wien 1874.
12 Zu Lessing und Klotz siehe auch: Peter J. Brenner: Gotthold Ephraim Lessing, Stuttgart 2000, S. 165 und S. 206.
13 Lessings Briefe in einem Band. Ausgewählt und erläutert von Herbert Greiner-Mai, Berlin und Weimar 1967, S. 310.
14 Ebd., S. 310.

Joseph von Sonnenfels und die Wiedereinführung der Literarität 25

ministrativen Funktionen im zentralen Staatsapparat. Er hatte einen gewissen Einfluss und Wirkung in den Bereichen des Rechts, der Sprache und des Theaters, der Amtssprache, der Theorien vom Staat und seinen Aufgaben. Am 25. Oktober 1768 schrieb Sonnenfels in einem Brief an Klotz über einige seiner Schwierigkeiten und warum er diese hatte.

„[Es] stund die furchtbare Parthey des rothen Huts gegen mich auf, als ich auf meinem Lehrstuhle, und in meinem Wochenblatte, der Mann ohne Vorurtheil, die ketzerischen Lehren vorzutragen anfing: dass der geistliche Stand in engere Gränzen gezwungen, dass seinen Erwerbungen Ziel gesetzt, dass die Zahl der Studierenden, als die Pflanzschule der Geistlichen, und der Müssiggänger beschränket; dass die geistlichen Güter steuerbar seyn; in Nothfalle des Staates die Kirchenschätze dem Regenten in die Hände geliefert; dass die Freystätte aufgehoben; [...] dass die Ehen befördert, und alle Sorgen des Regenten auf die Bevölkerung gerichtet seyn sollten. Urtheilen Sie, was ein Professor auf einer katholischen Universität, wo es so viele Mönche und andere Klöster giebt, mit solchen Neuerungen für Aergerniss geben müsse! Viele beschlossen sogleich, dieser Natter [...] das Haupt zu zertreten."[15]

Es wurde heftig bei Hofe gegen Sonnenfels intrigiert: „[A]ber anstatt mich zu stürzen, sahen sie mit Herzenswehe meine Grundsätze Wurzel schlagen."[16] Seine Gegner ließen jedoch nicht locker, sie trachteten durchaus nach Vernichtung seiner Existenz.

„Ueber einige bey meiner Disputation ausgesetzten Lehrsätze, [...] z.B. dass man die Tortur, die Todesstrafen abstellen; dass man gefallenen Mädchen keine Kirchenbusse auflegen; dass man ihnen alle Beschämung ersparen, und sogar eine geheime Entbindung erleichtern soll; über solche Sätze, welche ich drucken liess, machten ein auserwähltes Myrhenbündlein frommer Hofräthe einen Vortrag nach Hofe, worinnen sie unter andern Kleinigkeiten sagten: dieser junge Mensch das war ich – setzt seinen Eigendünkel über die göttliche und menschliche Rechte hinweg. Es war daher auf nichts Geringeres angetragen, als mich des Lehrstuhls zu entsetzen."[17]

Und nun zeigte es sich, dass die Reformer Ihresgleichen schützten und stützten.

„Fürst Kaunitz vertrat meine Sätze im Staatsrath: und v. Swieten, dieser für unsere Wissenschaften so nothwendige Mann, dem wir das kleine Licht, so sich blicken lässt, einzig zu verdanken haben, der zum Nutzen der Philosophie bey uns ewig leben sollte, dieser vertheidigte, was er censirt hatte."[18]

Sonnenfels' Wirken und sein Einfluss vollzogen sich nicht an einem kleinen Fürstenhof und nicht an den Rändern eines Imperiums, sondern in dessen Zentrum; und er begnügte sich keineswegs mit einem Wirken, das der Öffentlichkeit verborgen blieb, sondern propagierte seine Vorstellungen in Lehrbüchern, Vorlesungen, in eigens gegründeten Zeitschriften; er agierte öffentlich, in schriftli-

---

15 Briefe von Sonnenfels (wie Anm. 11), S. 4f.
16 Ebd., S. 5.
17 Ebd., S. 6.
18 Ebd., S. 6.

cher Form aufklärend, und er tat dies oft parallel zu seinem direkten oder indirekten Einfluss auf das Handeln der Herrschenden.

Stets aber ging es um Macht, um machtvolles politisches Handeln. Aufklärung dieser Art zielte auf politische Praxis verknüpft mit Theorie (nicht von ihr isoliert); zielte nicht bloß auf Einflüsterungen in die Ohren der Mächtigen (bei sonstiger politischer Enthaltsamkeit), sondern auf ein recht eigenständiges Denken und Handeln einer größer werdenden Gruppe von höheren und mittleren Beamten, die den neuen Staat mit zu gestalten trachteten, eine neue Politik auch selbst praktizierten.

Es handelte sich hier um eine Gruppe von Macht ausübenden oder bewusst an der Ausübung der Macht teilhabenden Intellektuellen, die einige Jahrzehnte lang ihre eigene Rolle in dem von ihnen mitgeschaffenen erneuerten Staat mitbestimmend zu definieren vermochten.

Dies war eine Besonderheit in Europa und wird diese Besonderheit nicht wahrgenommen, dann kann das Denken und Handeln der Angehörigen der damaligen Reformbürokratie (für die Sonnenfels ein herausragendes Beispiel abgibt) nicht adäquat interpretiert werden.

Das seltene Exempel einer Aufklärung in Theorie und Praxis ist für Zeitgenossen und Nachfahren unbehaglich gewesen; lieber war und ist ihnen eine geordnete Welt der Untertänigkeit.

Eigenständigkeit im Denken und Handeln, Selbstbewusstsein und ein gewisser Grad von Selbstbestimmtheit wirken bis heute verstörend (und lassen gerne die Werturteile von Großherzögen und Kaisern übernehmen ...).

Über die Funktion der Zensur zur Zeit der theresianisch-josephinischen Reformen

Es ist höchst eigentümlich, dass die maßgeblichen Reformer in der Ära Maria Theresias und Josephs II. durchaus für Zensur sich stark machten; allerdings geht es ihnen keineswegs um die Etablierung eines despotischen Polizeistaates: die Zensur war ihnen vielmehr ein Mittel im Kampf gegen die konservativ-klerikalen und antiaufklärerischen Kräfte. Dies wird auch deutlich, wenn etwa die Argumente von Sonnenfels in Bezug auf die Zensur näher betrachtet werden.

Auffällig ist, dass die Aufklärung und ihre Notwendigkeit gar nicht erst in Frage gestellt werden sollen:

„Man hat zu einer akademischen Preisaufgabe gemacht, was niemals in Zweifel hätte gezogen werden sollen: ob es nützlich sey ein Volk aufzuklären? [...] Das dumme Volk gehorcht, weil es muß: das unterrichtete, weil es selbst will. Eine billige und

Joseph von Sonnenfels und die Wiedereinführung der Literarität   27

erleuchtete Regierung scheut die Einsicht ihrer Unterthanen nicht: sie sollen aufgeklärt seyn! um das gute zu erkennen, so ihnen erwiesen wird."[19]

Dann wird die Frage Druckerfreiheit und Zensur debattiert, im Vergleich mit England, und Sonnenfels kommt zum Schluss:

„Aber worauf kommt es bey aller Verschiedenheit der Meinungen an? darauf: ob, um keiner aufklärenden, unterrichtenden, Verstand, Herz und Geschmack verfeinernden Schriften auszuschlüssen, man allen irrigen, gefährlichen Meinungen, allen Verstand, Herz und Sitten verderbenden Blättern, allen die Religion und den bürgerlichen Gehorsam untergrabenden Geburten den Eingang gestatten müsse? Die Frage, wie sie liegt, entscheidet sich selbst. Es ist niemanden noch in Sinn gekommen, daß man, um sich keiner Arzney zu berauben, auch den allgemeinen Verkauf des Gifts erlauben müsse."[20]

Wir müssen uns vergegenwärtigen, dass die Reformer einen lange Jahre dauernden, zäh und geduldig ausgetragenen Kampf um die Zensur und die Entwindung dieses Instruments aus den Händen konservativ-klerikaler Kräfte geführt hatten und allmählich begannen, die Zensur auch in ihrem Sinne zur Förderung aufklärerischen Schrifttums einzusetzen.[21]

„Die Bestimmung einer Censur sey also! ohne irgendeinem nützlichen Werke den Eingang zu erschweren, nur dasjenige auszuschliessen, durch welches irrige, ärgerliche und gefährliche Meinungen verbreitet werden könnten. Ihrer Bestimmung nach muß sich also ihre Aufsicht nicht nur auf Bücher, sondern auch auf Schauspiele, Zeitungen, auf Predigten, auf alle öffentlichen an das Volk gerichteten Reden erstrecken."[22]

Und es wird zugleich hervorgehoben:

„Auf welche Weise sie nun immer eingerichtet sey; so ist stets erforderlich, daß sie aus Männern bestehe, die in allen Theilen der Wissenschaften gründliche Einsicht besitzen. Aber gleichwie die allzu große Freiheit der Presse und Lektur, welche ohne Unterscheidung allen alles erlaubt, die Mutter des Unglaubens, der Empörung, und der schändlichsten Ausgelassenheit werden kann; ebenso steht eine übertriebene Strenge der Bücheraufsicht, die einen Despotismus über den Verstand und die Meinungen ausüben wollte, eine Censur, die eine anständige Freymüthigkeit im Schreiben, mit der Verwegenheit vermengte und ohne Unterscheidung, allen alles zu lesen untersagte, der Aufklärung eines Volkes im Wege, und setzte dasselbe in Wissenschaften, Kenntnissen und Geschmack um Jahrhunderte zurück. Um nun hierinnen dem Willkürlichen vorzubeugen, und die vernünftige Mässigung auf beiden Seiten zu erhalten, sind den bestellten Censoren sichere Regeln zur Richtschnur vorzuschreiben."[23]

---

19   Joseph von Sonnenfels: Grundsätze der Polizey, hrsg. von Werner Ogris, München 2003, S. 57f.
20   Ebd., S. 66.
21   Dies ist auch sehr schön nachzulesen bei: Gerda Lettner: Das Rückzugsgefecht der Aufklärung in Wien 1790-1792, Frankfurt am Main, New York 1988.
22   Joseph von Sonnenfels: Grundsätze der Polizey (wie Anm. 19), S. 66.
23   Ebd., S. 67f.

Den Reformern, und insbesondere Joseph von Sonnenfels, ist durchaus geläufig, wie etwa die Situation in England ist und in welchem Ausmaß dort eine ziemlich freie Presse zu operieren vermag.

Allerdings konnten sie Derartiges nicht als positives Leitbild einführen als Beispiel für eine in der Habsburger-Monarchie einzuführende Praxis; sie konnten allenfalls versuchen, Strukturen zu schaffen, innerhalb derer weitere aufklärende Praxis möglich sein sollte.

Die relativ kleine Gruppe von reformerischen und aufklärend tätigen Intellektuellen hatte keinerlei soziale Basis, war nicht die Spitze einer sozialen Bewegung, konnte sich auf keine soziale Klasse stützen, ja nicht einmal auf eine nennenswerte Fraktion des Adels – ihre einzige soziale Basis waren sie selbst.

Alles, was sie taten, musste eigentlich begründet werden mit der Verbesserung der Situation der absoluten Monarchie; nur insofern, als dies geschah, hatten die Monarchen ein Interesse an Reformen und Aufklärung.

Die Wiedereinführung der Literarität im Habsburgerreich (verbunden mit Theorien eines konstitutionellen Wohlfahrtsstaates)

„[...] so wie die durch die Erziehung und Lektüre allgemeiner werdende Sprachverbesserung sich bis in die Kanzleyen verbreiten wird [...]."[24]

„Jede Wissenschaft, jede Kunst, jedes Handwerk hat seine Kunstsprache [...]. Warum soll, was vom Mathematiker an bis zum Hufschmiede, jedem in seinem Gewerbe erlaubt ist, dem Manne, der über Angelegenheiten der öffentlichen Verwaltung zu sprechen, zu schreiben hat, untersagt seyn [...]."[25]

„Jeder Schriftsteller muß deutlich seyn, bei Strafe ungelesen aus Händen gelegt zu werden. [...] Sprachunrichtigkeit macht eine Schrift nur ekelhaft; Undeutlichkeit macht sie ekelhaft, und zugleich unbrauchbar. Bei einem jeden Aufsatze wird eine zwyfache Deutlichkeit gefordert: Deutlichkeit von der Seite des Stoffs, und Deutlichkeit von Seite der Sprache."[26]

„Es ist viel gewisser, schreibt [Cicero], daß weder jemand über das, was er versteht, gut sprechen könne, noch, wenn er auch der Sache wohl kundig, aber in der Beredsamkeit und in der Ausbildung des Stils unwissend ist, jemals fä-

---

24 Joseph von Sonnenfels: Über den Geschäftsstil. Die ersten Grundlinien für angehende österreichische Kanzleybeamten, Wien 1784, S. 40.
25 Ebd., S. 19.
26 Ebd., S. 23f.

hig seyn wird, selbst das was er weis, gut vorzutragen. Sachenkenntnis macht also bei Geschäften eine geschickte Feder nicht entbehrlich; so wie nie jemand ohne Sachenkenntnis eine geschickte Feder gehabt hat."[27]

Joseph von Sonnenfels

„Bei Vollendung seiner Rechtsstudien sprach SONNENFELS neun Sprachen, das Liebste war ihm das Deutsche. Reines Deutsch zu sprechen, das damals in Wien bei Adel und Volk verpönt war, nahezu für protestantisch galt, war seine Sehnsucht."[28]

W. Lustkandl

Die Reorganisation, die Modernisierung, des absolutistischen Habsburger-Staates zielte auf eine breite Infrastruktur-Politik ab, die die Entwicklung des Humankapitals ebenso beinhaltete, wie die Reform des Rechts, die Schaffung eines neuen Staatsapparates mit Berufsbeamten, die Unterwerfung der Kirche unter den Staat (ohne dass dies Protestantismus bedeutet hätte).

Die Ersetzung der Jesuiten durch weltliche Gelehrte, etwa im Bereich der Universität, erforderte neues, qualifiziertes Personal; die Mängel an schriftlicher sprachlicher Artikulationsfähigkeit beeinträchtigten die neue staatliche Verwaltung.

Im Wirken von Joseph von Sonnenfels fielen die Ausformung einer neuen Staatstheorie, die Lehre von der reformierten Verwaltungspraxis und die Sprach-Lehre für Beamte zusammen; propagiert wurde Literarität in umfassender Weise.

Die Probleme einer modernen staatlichen Verwaltung sind eng verknüpft mit der Organisation von Arbeitsabläufen im Zusammenhang mit einer säkularen Kultur der Schriftlichkeit; die in der Verwaltung erforderlichen einzelnen Abläufe sollen auch unabhängig von den handelnden Personen nachvollziehbar sein und müssen daher in schriftlicher Form dokumentiert werden.

Genau diese Kultur der Schriftlichkeit (die in der Gegenreformation gründlich zerstört worden war) musste nun erst wieder richtig eingeführt werden.

Wenn Deutsch dabei die Amtssprache war, dann bedurfte es einer besonderen Pflege der deutschen Sprache als Literatursprache, da man im Reiche des gegenreformatorischen Katholizismus nicht auf die Tradition reformatorischer Bibelübersetzungen zurückgreifen konnte.

Sprachpflege, Sprachentwicklung traten daher in den deutschsprachigen Bereichen der Habsburger-Monarchie im 18. Jahrhundert in besonderer Weise als

---

27   Ebd., ohne Seitenangabe [„An meine jungen Leser"].
28   Rede auf Josef von Sonnenfels und Josef von Kudler, gehalten am 17. Juli 1891, bei der Enthüllung der in den Arkaden aufgestellten Büsten derselben, von Prof. Dr. W. Lustkandl, Wien 1891, S. 5.

Förderung einer säkularen deutschen Literatur-Sprache in Erscheinung: von der Gründung von „Sprach-Gesellschaften", dem Kampf um das Theater (als einer weltlichen, literarischen und sittlichen Anstalt, und nicht als einer volksverdummenden Einrichtung in der Tradition der Gegenreformation) über das Verfassen von Lehrbüchern der politischen Wissenschaft bis hin zum „Geschäftsstil" der österreichischen Kanzleibeamten.

Beachtlich in diesem Zusammenhang ist auch die Notwendigkeit von neuen Lehrbüchern an der Universität sowie für die Aus- und Weiterbildung der Beamten und die „Notwendigkeit" der staatlichen Kontrolle der neuen Literarität durch Zensur.

In seinem Lehrbuch „Grundsätze der Polizey, Handlung, und Finanz. Zu dem Leitfaden des politischen Studiums" (in der Fassung von 1787) führte Sonnenfels aus:

„Die grosse Gesellschaft ist der Staat. Der Uebergang in denselben hat den Mitgliedern einen neuen Namen erworben, hat sie in neue Verhältnisse versetzt: die Menschen sind Bürger geworden."[29]

Und er schreibt auch vom Zweck des Staates, nämlich von der „Wohlfahrt" und dem „Besten" für alle Menschen.[30]

Der moderne Staat war in England im Zusammenhang mit protestantischer Reformation, antifeudaler Revolution, der Durchsetzung der kapitalistischen Produktionsweise und der Etablierung parlamentarischer Herrschaft geschaffen worden.

Die maria-theresianisch-josephinischen Reformen galten vor allem der Überwindung der Verwüstungen der Gegenreformation, auf dem Wege der teilweisen Wiedereinführung der schon einmal in Zentraleuropa existiert habenden ökonomischen und kulturellen Errungenschaften.

Daher die Ansätze zur Unterwerfung der römisch-katholischen Kirche unter die Interessen des „Staates" und die Plädoyers der Aufklärer für die abermalige Überwindung der Leibeigenschaft.

Im Rahmen der Kameralwissenschaften werden in systematischer Weise Begriffe und Systeme eingeführt, die etwa in England, im Rahmen eines ausgeprägten konstitutionellen und parlamentarischen Regierungssystems längst etabliert sind.

In der Habsburger-Monarchie aber müssen diese Denkweisen auf subtile Art importiert und verbreitet werden: hiebei wird allmählich ein Denken eingeübt, das einen monarchischen Wohlfahrtsstaat mit der Vorstellung von einem allgemeinen Dienst am Staat und einem Bürger-Staat verknüpft; und so wird auch eine Art konstitutionelle Grundhaltung eingeübt, bei den Regenten wie bei den Beamten.

---

29 Joseph von Sonnenfels: Grundsätze der Polizey (wie Anm. 19), S. 13.
30 Ebd., S. 13.

Joseph von Sonnenfels und die Wiedereinführung der Literarität 31

Insgesamt bedeutet dies auch die Einübung der Idee eines Rechtsstaates und eines „Patriotismus", der nicht an Blut und Boden, nicht an Unterwerfung unter einen despotischen Regenten, sondern an der Wohlfahrt aller orientiert ist.[31]

Die relativ kleine Gruppe aufgeklärter und aufklärender, an weitgehender Reformpolitik maßgeblich beteiligter Intellektueller, für die Joseph von Sonnenfels ein beispielhafter Vertreter ist, hat über einige Jahrzehnte in außergewöhnlicher Weise politischen Einfluss ausgeübt.

Ohne über ein einheitliches, langfristiges politische Programm zu verfügen, wurden über einen längeren Zeitraum Chancen für eine verändernde politische Praxis genützt; und dabei wurde stets versucht, die politische Praxis mit theoretischer Aufklärung, mit der Herstellung von Öffentlichkeit zu verknüpfen.

Für einige Zeit wurde, inmitten des Absolutismus, der (in Deutschland und in Österreich bis heute so beliebte) Gegensatz zwischen machtvoller politischer Praxis und machtferner Existenz von Intellektuellen stückweise überwunden.

Die Reaktionen der absolutistischen Herrscher auf die Französische Revolution haben diesen Ausnahme-Zustand beendet.

---

31 Vgl. dazu auch: Joseph von Sonnenfels: Über die Liebe des Vaterlandes [1771], Königstein/Ts. 1979.

Jost Hermand

Eine Rotte von Narren mit roten Kappen. Goethes und Schillers Angriffe auf die deutschen Jakobiner

I

Goethes Rezeption in Deutschland war anfänglich höchst kontrovers und ging erst im Laufe der zweiten Hälfte des 19. Jahrhunderts – als man eine nationale Identifikationsfigur brauchte – allmählich in eine Verkultung über, die nach 1871 im Bild des „Klassikers" Goethe kulminierte. Während Goethe vorher im demokratisch-liberalen Lager weitgehend als ein „Fürstenknecht" (Ludwig Börne) galt und die Literatur der Goethe-Zeit entweder als Ausdruck einer konservativen „Kunstperiode" (Heinrich Heine) oder als Aufschwung aus „der platten Misere in die überschwängliche Misere" (Friedrich Engels) abgekanzelt wurde, stieg Goethe – neben seinem angeblichen „Freund" Schiller – in wilhelminischer Zeit zu einem nicht mehr kritisierbaren „Olympier" (Heinrich von Treitschke, Friedrich Nietzsche, Viktor Hehn) auf, der in seinen Werken das kulturelle Fundament zur politischen Reichsgründung von 1871 gelegt habe.[1] Vor allem die „Rechten", wie etwa die Jünger des George-Kreises (Friedrich Gundolf), stellten ihn danach als eine geradezu überlebensgroße Figur hin, an der es – als dem Jupiter der deutschen Literatur – überhaupt nichts zu problematisieren gäbe.

Und dieses Bild Goethes hielt sich – von wenigen Ausnahmen abgesehen – bis ins Dritte Reich, ja wirkte im Nachkriegsdeutschland noch lange darüber hinaus. Nach der Katastrophe des Hitler-Regimes wurde Goethe im Westen von den Konservativen (Friedrich Meinecke) wie auch im Osten von den national eingestellten Sozialisten (Johannes R. Becher) nochmals unhinterfragt als eine betont idealisierte Identifikationsfigur auf den Podest gehoben und dabei zugleich die heilende Wirkung seines Humanismus für das „beschädigte" deutsche Nationalbewusstsein herausgestrichen. Gegenstimmen zu dieser allgemeinen Goethe-Verkultung, die ihren ersten Höhepunkt 1949 in den Zweihundertjahrfeiern zu Goethes Geburtstag fand, waren hingegen äußerst selten. In der DDR gehörte zu diesem kritisch gestimmten Lager einerseits ein Autor wie Bertolt Brecht, der sich im Untergrund über die von Walter Ulbricht und Johannes R. Becher ausgegebene „Vollstrecker"-These („Vorwärts zu Goethe") lustig machte, ja sogar ein goethekritisches Stück in „chinesischer" Verkleidung plante, andererseits eine Gruppe kenntnisreicher Jakobinerforscher und -forscherinnen (Hedwig Voegt, Gerhard Steiner, Heinrich Scheel), die zwar nicht Goethe kriti-

---

1 Vgl. Jost Hermand: „Es ist der Herren eig'ner Geist, in dem die Zeiten sich bespiegeln", in: ders.: Pro und Contra Goethe, Oxford 2005, S. 139-158.

sierten, aber durch ihre positive Sicht der deutschen Jakobiner das ins Humanistische verklärte Bild Goethes indirekt relativierten.

In der westdeutschen Bundesrepublik begann erst Mitte der sechziger Jahre – weitgehend angeregt durch ehemalige Exilanten sowie die von der SPD ausgehenden „Demokratisierungs"-Forderungen – eine allmähliche Wendung von den klassisch-romantischen zu den eher liberalen, wenn nicht gar revolutionären Traditionen in der deutschen Geschichte und Literatur seit dem späten 18. Jahrhundert. Und dabei gerieten – neben den Jungdeutschen, Vormärzlern, Naturalisten sowie Vertretern der linken Materialästhetik der Weimarer Republik – auch die deutschen Jakobiner wieder ins Blickfeld der historischen und literaturwissenschaftlichen Forschung (Walter Grab, Jost Hermand). Ja, im Zuge der sogenannten Achtundsechziger-Bewegung wurden solche Bemühungen zusehends zahlreicher und führten schließlich im Rahmen sozial- und kulturhistorischer Studien zu einer immer eindringlicheren Beschäftigung mit Phänomenen wie der Mainzer Republik von 1793 sowie einzelnen Jakobinern wie Georg Forster, Adolf Freiherr Knigge und Georg Friedrich Rebmann (Klaus R. Scherpe, Helmut Peitsch, Inge Stephan). Daraus ergab sich eine fortschreitende Polarisierung der westdeutschen und US-amerikanischen Germanistik in konservative Klassik-Verehrer und -Verehrerinnen sowie linksliberale Literaturwissenschaftler und -wissenschaftlerinnen, welche sich – trotz ihrer Wertschätzung einzelner Werke Goethes und Schillers – nicht beirren ließen, auch den „höfischen" und damit antirevolutionären Charakter der Weimarer Klassik herauszustreichen, wie das 1970 auf der Tagung „Die Klassik-Legende" in Madison-Wisconsin (Reinhold Grimm, Klaus L. Berghahn, Jost Hermand) geschah.[2]

Während die Goethe- und Schiller-Verehrer und -Verehrerinnen in Ost- und Westdeutschland in Abwehr solcher Tendenzen die Existenz eines deutschen Jakobinismus entweder schlechthin in Frage stellten (Gerhard Kaiser) oder als radikal-idealistisch (Rudolf Dau) ablehnten, um so weiterhin an „ihren" Klassikern keine Abstriche machen zu müssen, setzte sich dennoch im gleichen Zeitraum – entgegen solchen Schwarz-Weiß-Charakterisierungen – bei vielen sozialhistorisch eingestellten Literaturwissenschaftlern und -wissenschaftlerinnen eine dialektisierende Optik durch, die im Hinblick auf Goethes und Schillers Verhältnis zur Französischen Revolution sowie die damit verbundenen Auswirkungen auf die deutschen Intellektuellen im letzten Jahrzehnt des 18. Jahrhunderts eine eher abwägende Haltung bezogen, welche erst 1989 – im Rahmen der Jahrhundertfeiern der Französischen Revolution – wieder von neuen Infragestellungen der politischen Ansichten Goethes und seinem Verhältnis zu den deutschen Jakobinern bzw. Illuminaten führte (W. Daniel Wilson). Auch 1999 – anlässlich der Zweihundertfünfzigjahrfeiern von Goethes Geburt – kam es nochmals zu heftig aufflackernden Affekten gegen Goethes Handlungsweise

---

2 Vgl. Jost Hermand: Der Streit um die Klassik-Legende um 1970, in: ders.: Pro und Contra Goethe (wie Anm. 1), S. 177-190.

im Rahmen seiner ministeriellen Tätigkeit im Weimar der neunziger Jahre. Dafür spricht die feministische Kritik von Sigrid Damm in ihrer Schrift „Christiane und Goethe" (1998), das Buch von Wolfgang Rothe „Der politische Goethe. Dichter und Staatsdiener im deutschen Spätabsolutismus" (1998), der Band von W. Daniel Wilson „Das Goethe-Tabu. Protest und Menschenrechte im klassischen Weimar" (1999) sowie Forschungsbericht „Sichtung und Klarheit" (1999) von Jörg Drews, in dem er Goethe eine „fatale Erscheinung" nannte, da von ihm „eine nachhaltige Behinderung bei der Entwicklung Deutschlands zu bürgerlich-republikanischem Selbstbewußtsein" ausgegangen sei.[3] Und auch die Goethe-Ansprache des damaligen Bundespräsidenten Roman Herzog vom 14. April 1999, in der er Goethe vorwarf, als Mitglied des Geheimen Consiliums in Weimar – trotz aller Bekenntnisse zu einem menschheitsbeglückenden Humanismus – das Todesurteil einer armen, verlassenen Kindsmörderin unterschrieben zu haben, setzte eine neue Welle der Goethe-Kritik in Gang, gegen die sich seine Verteidiger und Verteidigerinnen selbstverständlich mit ebenso scharfen Argumenten zur Wehr zu setzen versuchten.

Im Zentrum dieser Auseinandersetzungen standen dabei fast immer Goethes Reaktionen auf die Anfangsjahre der Französischen Revolution und das Übergreifen der durch sie ausgelösten Freiheits- und Gleichheitsparolen auf Deutschland im Vordergrund. Im Gegensatz zu den konservativen Goethe-Forschern und -Forscherinnen (Friedrich Sengle, Katharina Mommsen, Hans-Jürgen Schings), die dabei Goethes „besonnene" Haltung herausstrichen, mit der er sich in humanistisch-reformerischer Absicht allen Tendenzen ins angeblich Unsinnig-Gewalttätige zur Wehr gesetzt habe, kritisierten die Liberalen, wenn auch selten mit der Schärfe eines W. Daniel Wilson, auch in den Jahren nach den Goethe-Feiern von 1999 weiterhin seine nur allzu offensichtlichen Verstöße gegen heutige Vorstellungen demokratisch verstandener „Menschenrechte", das heißt den von ihm gutgeheißenen „Weimarer Soldatenhandel, den Zwang streikender Bauern zum Frondienst, die Zensur sowie die Einschüchterung, Bespitzelung und Unterdrückung von Meinungsfreiheit, die vor allem Studenten und Professoren oder auch intellektuelle Gemeinschaften wie Geheimgesellschaften" betraf.[4] Schiller, der viele dieser Maßnahmen guthieß, wurde dagegen bei solchen Untersuchungen meist verschont.

---

3   Jörg Drews: Sichtung und Klarheit. Kritische Streifzüge durch die Goethe-Ausgaben und die Goethe-Literatur der letzten fünfzehn Jahre, München 1999, S. 6.
4   W. Daniel Wilson: Das Goethe-Tabu. Protest und Menschenrechte im klassischen Weimar, München 1999, S. 2.

II

Während zu Goethes und Schillers grundsätzlicher Einschätzung der Französischen Revolution und ihrer Auswirkungen auf die deutsche Situation der neunziger Jahre des 18. Jahrhunderts – wie zu fast allen Aspekten ihres Lebens und ihrer Werke – bereits eine geradezu unübersehbare Sekundärliteratur existiert,[5] sind ihre konkreten Stellungnahmen zu den deutschen Jakobinern bisher noch nicht ausführlich behandelt worden, zumal die deutschsprachige Jakobinerforschung meist relativ eng auf ihren eigenen Gegenstand bezogen blieb und sich weniger mit der Beurteilung der deutschen Jakobiner auf Seiten der damaligen Intellektuellen und Schriftsteller beschäftigt hat. Selbst bei Walter Grab, der überragenden Forscherpersönlichkeit auf diesem Gebiet, taucht in seiner sich durch drei Jahrzehnte hinziehenden Auseinandersetzung mit diesen Problemen das Dioskurenpaar Goethe und Schiller, wie überhaupt das Phänomen der sogenannten Weimarer Klassik nur am Rande auf.[6] Daher soll auf dieses Thema – ihm zu Ehren – im Folgenden etwas näher eingegangen werden.

Wie jede Fragestellung hat auch das Thema „Goethe, Schiller und die deutschen Jakobiner" seine Vorgeschichte. Wie wir wissen, redet man von den Jakobinern erst seit 1789, als eine der revolutionärsten Gruppen in Paris ihr Hauptquartier in dem ehemaligen Kloster Sankt Jakob aufschlug und 1793-94 unter der Führung von Maximilien Robespierre – nach einem vorübergehenden Sieg über die eher gemäßigten Girondisten – die Führung im Nationalkonvent übernahm. Doch ebenso bekannt ist die Tatsache, dass es bereits vor dem Beginn der Französischen Revolution sowohl in Paris als auch in verschiedenen deutschen Staaten Radikalaufklärer gab, deren politische Zielsetzungen denen der späteren Jakobiner durchaus ähnlich waren und die demzufolge bereits in den achtziger Jahren im Sinne der späteren Freiheits- und Gleichheitsparolen konspiratorische Aktivitäten entwickelten, welche die feudalistischen Mächte mit allen ihnen zur Verfügung stehenden Mitteln gewaltsam zu unterdrücken versuchten.

In Deutschland waren das vor allem die Mitglieder des 1776 aus den Freimaurerlogen hervorgegangenen Illuminatenordens, dessen Begründer der Ingolstädter Professor für Kirchenrecht und praktische Philosophie Adam Weishaupt war. Dieser verstand sich im „finsteren Bayern" als Gegner des 1773 verbotenen, aber dennoch im Geheimen weiterwirkenden Jesuitenordens und fasste als Fernziel seiner Tätigkeit die Abschaffung der fürstlichen Willkür und Gewalt ins Auge. Dieser Orden fand unter den deutschen Aufklärern auch außerhalb

---

5   Vgl. hierzu im Hinblick auf Goethe als ersten Einstieg die Bibliographie „Goethe und die Französische Revolution", in: Goethe Handbuch, Bd. IV,1. Hrsg. von Hans-Dietrich Dahnke und Regine Otto, Stuttgart 1998, S. 319.

6   Z. B. in Walter Grab: Ein Volk muß seine Freiheit selbst erobern. Zur Geschichte der deutschen Jakobiner, Frankfurt a. M. 1984, S. 26f. und Walter Grab: Die Französische Revolution. Aufbruch in die moderne Demokratie, Stuttgart 1989, S. 226.

Eine Rotte von Narren mit roten Kappen 37

Bayerns, darunter in Weimar und Jena, schnell Anhänger. Einige der deutschen Fürsten im mitteldeutschen Bereich, die sich bemühten, möglichst „aufgeklärt" zu erscheinen, um damit die liberalen Intellektuellen „zu vereinnahmen und für oppositionelle Zwecke unschädlich zu machen", gingen in den frühen achtziger Jahren, wie schon vorher mit den Freimaurern, sogar ein vorübergehendes Bündnis mit den Illuminaten ein.[7] So traten 1783 in Weimar sowohl der Herzog Carl August als auch sein Geheimrat Goethe dem dortigen Illuminatenorden bei, um diesen in ihrem Sinne lenken oder zumindest im Geheimen überwachen zu können. Doch wegen der grundsätzlichen Unterschiede zwischen den Zielsetzungen der herrschaftlichen Mitglieder und dem Rest des Ordens musste es schnell zu Spannungen kommen, worauf Carl August und Goethe wieder aus dem Illuminatenorden austraten und Goethe sein im Geiste der Illuminaten entworfenes Epos „Die Geheimnisse" als Fragment liegen ließ. Er und Carl August sahen sich in ihren Skrupeln sicher bestätigt, als ein Jahr später der Illuminatenorden in Bayern als revolutionäre Geheimgesellschaft verboten wurde.[8] Ja, in der zweiten Hälfte der achtziger Jahre, als sich viele Jenaer Studenten die Ideale des Illuminatenordens zu Eigen machten und zugleich mit der Deutschen Union unter Karl Friedrich Bahrdt zu sympathisieren begannen, der 1787 in seiner Schrift „Die Pressefreiheit und deren Grenzen" erklärte: „Wehe dem Fürsten, der die Aufklärung unterdrückt, welche durch freies Denken und Urteilen überhaupt erst möglich wird!",[9] versuchten Carl August und Goethe ihre frühere Mitgliedschaft im Illuminatenorden möglichst zu vertuschen[10] und begannen Anfang 1789, scharf gegen die Ausbreitung solcher Gesellschaften unter den Jenaer Studenten vorzugehen.

Als dann im Sommer 1789 die Nachricht vom Beginn der Französischen Revolution Weimar erreichte, befürchteten Carl August und Goethe noch stärker als zuvor, dass jede Unterstützung von Radikalaufklärern auch für die deutschen Verhältnisse gefährliche Auswirkungen haben könne – worauf sie sich von ihren bisherigen, angeblich „benevolenten" Maßnahmen immer weiter distanzierten. Im Gegensatz zu vielen liberalen deutschen Intellektuellen, die anfangs durchaus mit den Freiheits- und Gleichheitsparolen der Französischen Revolution liebäugelten, bezog Goethe – in enger Fühlungsnahme mit seinem Herzog und anderen Mitgliedern des Weimarer Hofes sowie Vertretern des Geheimen Consiliums, wie Christian Gottlob Voigt, dem eigentlichen Premierminister und schärfsten

---

7 Vgl. W. Daniel Wilson: Geheimräte gegen Geheimgesellschaften. Ein unbekanntes Kapitel der klassisch-romantischen Geschichte Weimars, Stuttgart 1991, S. 11 und 17ff.
8 Vgl. hierzu u.a.: Die Illuminaten. Quellen und Texte zur Aufklärungsideologie des Illuminatenordens (1776-1783). Hrsg. von Jan Rachold, Berlin 1984, S. 11, und meinen Aufsatz: Der „Fall Geiger", in: Jost Hermand: Von Mainz nach Weimar (1793-1919). Studien zur deutschen Literatur, Stuttgart 1969, S. 67.
9 Zit. in Walter Grab: Die Französische Revolution (wie Anm. 6), S. 433.
10 W. Daniel Wilson: Geheimräte gegen Geheimgesellschaften (wie Anm. 7), S. 143ff.

Jakobinerhasser des Staates Sachsen-Weimar-Eisenach, – von Anfang an eine äußerst kritische Haltung den Ereignissen in Paris gegenüber.[11] Während er mit einigen Ansichten der Freimaurer, ja sogar noch der Illuminaten zum Teil sympathisiert hatte, erschienen ihm nach 1789 alle Radikalaufklärer – im Zuge der konservativen Sprachregelung, selbst wohlgesonnene Reformer als wilde, unsinnige Aufrührer zu diffamieren – plötzlich als „Jakobiner".

Noch kritischer wurde Goethes Einstellung zur Französischen Revolution in den Jahren 1792 und 1793, als die Machtstellung der französischen Jakobiner in Paris immer größer wurde und im Zuge der militärischen Auseinandersetzungen zwischen den in Frankreich einfallenden deutschen Koalitionsarmeen, die eine Niederlage nach der anderen einstecken mussten, in Deutschland der Revolutionsenthusiasmus von den liberalen Intellektuellen auch auf die Bürger und Bauern überzugreifen begann. So sah man 1792, als die französischen Truppen das benachbarte Frankfurt besetzten, auf den Straßen von Weimar zum ersten Mal Bürger mit dreifarbigen Kokarden an den Mützen herumlaufen, die in den Augen der Loyalisten als die „Ohnebehosten" galten. Ja, in Jena kam es aufgrund der auch von Goethe befürworteten Verbote der dortigen Geheimgesellschaften zu erheblichen Studentenkrawallen, die sich auf Drängen einiger Professoren, zu denen auch Schiller gehörte, nur durch einen verstärkten Militäreinsatz herzoglicher Truppen, das heißt eine „Demonstration von überlegener Gewalt", wie Goethe am 14. Juli 1792 erklärte, unterdrücken ließen.[12] Ja, Goethe begleitete im Herbst dieses Jahres sogar seinen Herzog Carl August ins Feld, der ein Regiment preußischer Truppen innerhalb der Koalitionsarmee gegen die französische Republik anführte, wo beide den Sieg der Franzosen bei der Kanonade von Valmy miterlebten, den Goethe später in seiner Schrift „Die Kampagne in Frankreich" als autobiographisches Fragment beschrieb. Kurze Zeit später, genauer am 27. Dezember 1792, bat Carl August seinen Freund Goethe doch in einem konservativen Sinne auf Liberale wie Christoph Martin Wieland, Karl Ludwig Knebel und Johann Gottfried Herder einzuwirken, um sie endlich zu Räson zu bringen. Ja, Carl August erfasste in diesen Wochen und Monaten ein „wahrer Ekel" vor den Franzosen, bei denen – ähnlich wie bei den „Juden" – „jede Spur eines moralischen Gefühls ausgelöscht" sei, wie er am 13. Januar 1793 Goethe gegenüber erklärte.[13] Aufgrund all dieser zwei Erfahrungen: der Siege der französischen Volksmiliz über die deutschen Söldnerheere sowie der Unruhen im Weimarschen Herzogtum, verfasste Goethe im Winter 1792 auf 1793 seine Revolutionsfarce „Der Bürgergeneral", in der sich ein deutscher „Jakobiner", mit dem bezeichnenden Namen Schnaps, mit dreifarbiger Kokarde, phrygischer Freiheitsmütze und französischer Nationaluniform als Anführer ei-

---

11 Vgl. hierzu: Goethes Weimar und die Französische Revolution. Hrsg. von W. Daniel Wilson, Köln 2004, S. 217ff.
12 Vgl. W. Daniel Wilson: Das Goethe-Tabu (wie Anm. 4), S. 179ff.
13 Vgl. Goethes Weimar (wie Anm. 11), S. 516.

ner lokalen Revolte aufzuspielen versucht, bei der es darum gehen soll, einen „Edelhof" mit „Flinten und Pistolen" zu stürmen.[14] Schnaps wird jedoch von dem ortsansässigen Baron mühelos als egoistischer Aufschneider, Trunkenbold und Langfinger entlarvt. Und in guter feudalabsolutistischer „Benevolenz" erklärt dieser Baron am Schluss, dass es dort, wo es „weise" Fürsten gebe, sich sicher keine „Parteien" mit „aufrührerischen Gesinnungen" verbreiten würden, worauf in diesem Dorf – wie erwartet – wieder Ruhe und Ordnung einkehren.[15]

Als im Januar 1793 in Paris Ludwig XVI. hingerichtet wurde und es in den französisch besetzten Rheinlanden zur Eröffnung des Rheinischen Nationalkonvents in Mainz und damit zur ersten Republik im Heiligen Römischen Reich kam, schlug selbst bei vielen deutschen Liberalen, die bisher mit den Idealen der Französischen Revolution sympathisiert hatten, die Stimmung plötzlich um. Für Reformen, die ihre Interessen unterstützt hätten, waren viele gewesen, aber weder für Königsmord noch die Errichtung einer Volksherrschaft auf deutschem Boden, welche der bisherigen Vorstellung einer von oben gelenkten Staatsgewalt jedwede Rechtfertigung entzogen. Jetzt, wo sogar Christoph Martin Wieland und Johann Gottfried Herder von ihrer „französelnden" Gesinnung abrückten, war es für Goethe ein Leichtes, seine antijakobinische Gesinnung in aller Offenheit zu demonstrieren. So arbeitete er im April 1793 an seinem antirevolutionären Tierepos „Reineke Fuchs", zu dem ihn offenbar Carl August angeregt hatte, und ließ einen Monat später im Weimarer Theater den „Bürgergeneral" aufführen. Auch sein Stück „Die Aufgeregten" aus der gleichen Zeit richtet sich gegen den aufmüpfigen Geist dieser Jahre.[16] Im Gegensatz zu der bäuerlichen Szenerie im „Bürgergeneral" spielt sich hier die etwas differenziertere Handlung unter Bürgerlichen ab, die jedoch am Schluss ebenfalls durch eine Adlige, die vorgibt, in Paris die revolutionären „Scheußlichkeiten" mit eigenen Augen angesehen zu haben, mit „benevolenter" Attitüde eines Besseren belehrt werden – worauf alles wieder zum Status quo zurückkehrt.

Fast alles, was Goethe in diesen Wochen und Monaten zu Papier brachte, lässt sich nur als antijakobinische Propaganda verstehen. Darin folgte er aufs Getreueste seinem Herzog, der am 24. März 1793 in einem „weitläufigen Glaubensbekenntnis" all jene „Herren Skribenten" anprangerte, die keine andere Absicht hätten, als den „Besitzern die Hosen auszuziehen, um die Unbehosten damit zu bekleiden", wie er sich mit einem Seitenhieb auf die französischen Sansculotten ausdrückte. Vor allem Georg Forster und Leute seines „Gelichters" attackierte Carl August dafür, dass sie viele Menschen zu „Handlungen der schwärzesten Undankbarkeit und der sinnlosesten Unternehmungen", sprich: der

---

14 Johann Wolfgang Goethe: Sämtliche Werke, Stuttgart 1854, Bd. II, S. 308 und 311.
15 Ebd., S. 318.
16 Vgl. Lothar Ehrlich: Goethes Revolutionskomödien, in: Goethe Jahrbuch 107, 1990, S. 179ff.

Gründung der Mainzer Republik, verleitet hätten.[17] Und Goethe, als treuer Diener seines Herrn, schloss sich daher im Frühjahr 1793 Carl August selbstverständlich an, um mit ihm an der konterrevolutionären Belagerung von Mainz teilzunehmen. Nach wiederholter Beschießung durch die Koalitionstruppen, die Teile der alten Stadt einäscherte, kapitulierten die Mainzer Jakobiner, darunter Georg Forster, am 23. Juli 1793 und verließen größtenteils die Stadt in Richtung Paris – was sowohl Carl August als auch Goethe mit Genugtuung quittierten.

Alle Meldungen, die Goethe im Herbst und Frühwinter 1793 aus Paris erhielt – ob nun über die berüchtigten Septembermassaker, den Sieg der jakobinischen Truppen über die Aufständischen in Lyon, die Hinrichtung Marie Antoinettes, die drakonischen Maßnahmen Robespierres sowie die Massenhinrichtungen in Nantes – bestätigten ihn lediglich in seiner Überzeugung, dass der Sieg des Jakobinismus notwendigerweise zur „Herrschaft des Schreckens" führen müsse. Um dieser Gesinnung auch literarisch Ausdruck zu verleihen, schrieb Goethe in der Folgezeit seinen Aufsatz „Literarischer Sansculottismus" sowie seine „Unterhaltungen deutscher Ausgewanderten", in denen er sich in aller Entschiedenheit für eine Beibehaltung der „legitimen", das heißt feudalabsolutistischen Zustände in Deutschland einsetzte, um sich somit irgendwelchen aus dem gesellschaftlichen Untergrund herkommenden Freiheits- und Gleichheitsparolen entgegen zu stemmen. Da er sich bei diesem Bemühen als Schriftsteller in Weimar relativ einsam fühlte, begann sich Goethe im Jahr 1794 nach ihm ideologisch gleichgesinnten Autoren umzusehen, mit denen sich auf literarischen Gebiet ein Schutzwall gegen jene radikalaufklärerischen oder gar jakobinischen Tendenzen errichten ließ, wie sie sich unter anderem in den Schriften von Carl Friedrich Bahrdt, Gottfried August Bürger, Joachim Heinrich Campe, Karl Friedrich Cramer, Georg Forster, Carl Ignaz Geiger, Franz Hebenstreit, Adolf Freiherr Knigge, Adam Lux., Andreas Georg Friedrich Rebmann, Johann Friedrich Reichardt, Eulogius Schneider, Friedrich Wilhelm von Schütz und Heinrich Würzer manifestierten.

III

Und einen solchen Bundesgenossen fand Goethe 1794 in Friedrich Schiller, der sich nach rebellischen Jugendwerken, wie „Die Räuber" und „Kabale und Liebe", ja sogar noch dem „Don Carlos", seit 1790 immer stärker von irgendwelchen aufmüpfigen Ideen abgewandt hatte und sich – aus Abscheu gegen die „elenden Schinderknechte" der Jakobiner – in den Bereich der ästhetischen Reflexion zurückgezogen hatte, was sowohl seine Schrift gegen den rebellischen „Volksdichter" Bürger als auch seine 1793 durch ein Stipendium des Erbprinzen

---

17 Vgl. Goethe und die Französische Revolution, hrsg. von Karl Otto Conrady, Frankfurt a. M. 1988, S. 70f.

Christian Friedrich von Augustenburg ermöglichten Briefe „Über die ästhetische Erziehung des Menschen" belegen, in denen er sich scharf von den „rohen gesetzlosen Trieben" der „niederen und zahlreichen Klassen" absetzte.[18] Während Goethe in der Zeit zwischen Juli 1787 und Januar 1789, als Schiller erstmals in Weimar wohnte, den Dichter der „abscheulichen Räuber" geflissentlich gemieden hatte, und Schiller noch am 2. Februar 1789, kurz nach seiner Berufung als außerordentlicher Professor nach Jena, an seinen Freund Christian Gottfried Körner geschrieben hatte, dass ihn der Umgang mit „diesem Menschen, diesem Goethe", diesem „Egoisten in ungewöhnlichem Grade" zutiefst „unglücklich machen würde", entschieden sich die beiden aufgrund ihrer immer schärferen antijakobinischen Gesinnung im Sommer 1794 zu einem taktisch kalkulierten Freundschaftsbund. Um dieser antirevolutionären Gesinnung, die in erster Linie gegen die „Auswirkungen der Französischen Revolution in Deutschland" gerichtet war,[19] auch auf den Seiten einer neuen Zeitschrift Ausdruck zu geben, erklärte sich Goethe bereit, an den von Schiller gegründeten „Horen" mitzuarbeiten, die sich an überzeitlichen, das heißt ins „Klassische" erhobenen Normen orientieren sollte, um so – nach den radikaldemokratischen „Exaltationen" der Jahre zwischen 1790 und 1794 – zur Beruhigung der politischen Situation beizutragen.

Beiden, Goethe und Schiller, kam dieses Zweckbündnis sehr gelegen. Goethe, der nach seiner Rückkehr aus Italien die Leitung des Weimarer Hoftheaters übernommen hatte, fand in Schiller sowohl einen Dramatiker, der den Spielplan der Weimarer Bühne mit „klassischen" Stücken bereichern würde, als auch einen Gesprächspartner, mit dem er sich ausführlich über ästhetische Fragen unterhalten konnte, nachdem er sich – in den Anfangsjahren der Französischen Revolution – von den eher „liberal" denkenden Weimarer Autoren Wieland und Herder etwas entfremdet hatte. Schiller hingegen – nach seiner Wendung in die Gefilde einer zeitenthobenen „Klassik" – sah in dem von ihm bisher erbittert gehassten „Hochwohlgeborenen Geheimrat" Goethe plötzlich einen einflussreichen, prestigeverheißenden Bundesgenossen, der zu den engsten Freunden des Herzogs Carl August gehörte. Wenn also für ihn, der sich zu diesem Zeitpunkt vehement von den rebellisch gesinnten Werken seiner Frühzeit, wie etwa den „Räubern", die Schiller im August 1792 die ihm äußerst peinliche Ehrenbürgerschaft der Französischen Republik eingetragen hatten, zu distanzieren versuchte und sich bemühte, den Weg ins Idealistisch-Höhere einzuschlagen, ein politischer Bundesgenosse für seinen eigenen Kurs in Frage kam, so konnte das in seinem Umkreis nur Goethe sein. Mit wem sollte er zu diesem Zeitpunkt sonst sympathisieren? Etwa mit Jenaer Frühromantikern wie Friedrich Schlegel und Friedrich Wilhelm Joseph Schelling oder mit seinen jakobinisch gesinnten Stu-

---

18 Friedrich Schiller: Sämtliche Werke, Leipzig o. J., Bd. V, S. 381.
19 Vgl. Goethes Weimar (wie Anm. 11), S. 10.

denten, die auf den Straßen von Jena sein Räuberlied „Ein freies Leben führen wir" sangen? Wie stark bei dieser Bündnisbereitschaft – trotz aller Bekenntnisse zum „Ästhetischen" – die ideologische Komponente im Vordergrund stand, belegen vor allem die von Goethe und Schiller zu Anfang des Jahres 1796 verfassten rund 900 Xenien, mit denen sie nicht nur allen pedantisch-trivialen, sondern auch allen politisch aufmüpfigen Tendenzen in der durch die Auswirkungen der Französischen Revolution höchst erregten literarischen Welt in Deutschland als selbstverwählte oberste Kunstrichter entgegenzutreten versuchten.[20] Ein erster Anlass dazu war die äußerst kritische Rezeption der „Horen" auf Seiten der eher „aufklärerisch" gesinnten bürgerlich-liberalen Rezensenten. Dafür spricht bereits der empörte Brief, den Goethe am 28. Oktober 1795 an Schiller schrieb, in dem er ihn ermunterte, am Ende seines nächsten „Musen-Almanachs" ein „kurzes Gedicht" über alle dem „klassischen Programm" Widerstrebenden einzuschalten. Am 23. Dezember wurde Goethe sogar noch schärfer im Ton und forderte Schiller auf, sich bei diesem Gedicht gegen alle „Uneinsichtigen" der Form der martialischen Xenia zu bedienen. Darauf verfassten Goethe und Schiller – teils einzeln, teils zusammen – in der ersten Hälfte des Jahres 1796, wie gesagt, etwa 900 kritische Distichen, von denen Schiller für seinen Musen-Almanach für das Jahr 1797, der im Oktober 1796 erschien, rund 500 auswählte.

Dieser Xenien-Almanach, wie er bald hieß, war ein solches „Spectaculum", dass von ihm – bereits kurz nach seinem Erscheinen – zwei Nachauflagen gedruckt werden mussten. „Alle Welt" war empört über den „Macht- und Beherrschungsanspruch", den Goethe und Schiller mit ihm auf politischem und literarischem Gebiet erhoben.[21] Ja, einige der direkt oder indirekt Angegriffenen reagierten sofort mit Gegenschriften auf ihn, die Titel wie „Fragmente aus den Gerichtsakten der Hölle über die Xenien zum Besten eines Feldlazaretts für Gelehrte, Gegengeschenke an die Sudelköche von Weimar und Jena, Die Ochiade oder freundschaftliche Unterhaltungen der Herren Schiller und Goethe mit einigen ihrer Herren Kollegen sowie Literarische Spießruten oder die hochadligen und berüchtigten Xenien" trugen. Was in all diesen Schriften zum Ausdruck kam, war ein berechtigter Zorn über die aristokratisch-schnöde Form, mit der Goethe und Schiller, die sich in ihrer Frühzeit mit Werken wie „Die Leiden des jungen Werthers" und „Kabale und Liebe" deutlich zur bürgerlich-emanzipatorischen Bewegung bekannt hatten, plötzlich einen pronociert „aristokratischen", ja „hochadligen" Standpunkt einnahmen. Manche sahen in diesem Xenien-Almanach fast ein poetisches Gegenstück zum Sieg der Gironde über die Jakobiner

---

20 Vgl. hierzu meinen Aufsatz: Mit scharfer Klinge. Der Xenien-Krieg von 1796, in: Jost Hermand: Pro und Contra Goethe (wie Anm. 1), S. 30-48.
21 So Bernd Leistner in: Der Xenien-Streit, in: Debatten und Konfrontationen. Literarische Auseinandersetzungen in Deutschland am Ende des 18. Jahrhunderts, hrsg. von Hans-Dietrich Dahnke und Bernd Leistner, Berlin 1789, S. 242.

oder zum Auftreten jenes Bonaparte, der sich im gleichen Zeitraum immer stärker zum Bändiger der Französischen Revolution und schließlich zum Alleinherrscher des französischen Staates entwickelte.[22]

Einmal etwas verkürzt gesprochen, entschlossen sich Goethe und Schiller für diesen Federkrieg gegen alle von ihnen als pöbelhaft, liberal, aufmüpfig oder französelnd hingestellten Zeitgenossen, weil sie für das „klassische", sprich: hochgestochene Literaturkonzept ihrer „Horen" nicht genug Zustimmende fanden. Allen ihnen Widerstrebenden traten sie daher mit einer Gesinnung entgegen, die auf dem Paradox einer sich aufgeklärt gebenden, aber zutiefst feudalabsolutistischen Hofkultur beruhte, welche sich zu ihrer ästhetischen Rechtfertigung einer neoklassizistischen Drapierung bediente. Das Höfische oder zumindest Aristokratische dieser Haltung kommt schon in der für diese Gedichte gewählten Form zum Ausdruck. Als selbsternannte „Klassiker" bedienten sich Goethe und Schiller hierbei jener antikisierenden Distichen, die damals mit den römischen Epigrammatiker Martialis assoziiert wurden. Hier fanden sie jene „martialische" Schärfe, jene Geschliffenheit, jene Kälte, die zu ihrer herrischaburteilenden Absicht an besten passte. Fast alle, die sie sich vornahmen, kanzelten sie mit der gleichen Rücksichtslosigkeit ab, das heißt warfen ihnen Dummheit, Ressentiment, Uneinsichtigkeit, nackte Profitgier oder politische Labilität vor. Auf den Einwand, warum er so scharf vorgegangen sei, antworte Goethe später in seinen „Zahmen Xenien": „Höflich mit dem Pack? / Mit Seide näht man keinen groben Sack."[23]

Am kritischsten äußerten sich Goethe und Schiller über all jene, die ihnen nicht den genügenden Weihrauch entgegen brachten. Und das waren neben den Herausgebern und Beiträgern der seit dem Beginn der Aufklärung entstandenen literarisch-gelehrten Journale vor allem jene angeblich verblendeten „Freiheitsschwärmer", die sich Mitte der neunziger Jahre noch immer für die Ideen der Französischen Revolution begeisterten, statt einzusehen, wie Goethe und Schiller in Übereinstimmung mit dem Weimarer Hof meinten, dass es sich hierbei weitgehend um eine „räuberische" Bewegung handele, die lediglich den Adligen ihre Besitztümer abzujagen versuche. Im Hinblick auf die letztere Gruppe waren daher ihre Urteile geradezu gnadenlos. In den sie betreffenden Distichen wurden keine Invektiven oder Injurien gespart, um „diese Leute" so vernichtend wie nur möglich niederzusäbeln. Zugegeben, auch manche der Zeitschriftenherausgeber, wie Friedrich Nicolai, wurden von ihnen voller Häme als „borniertе Köpfe"

---

22 Vgl. dazu Friedrich Sengle: Die Xenien Goethes und Schillers als Teilstück der frühen antibürgerlichen Bewegung, in: Internationales Archiv für Sozialgeschichte der Literatur 8, 1983, S. 121-144. Franz Schwarzbauer spricht in diesem Zusammenhang von einem napoleonischen „Staatsstreich im Reich des Schönen". Vgl. sein Buch: Die Xenien. Studien zur Vorgeschichte der Weimarer Klassik, Stuttgart 1992, S. 43 und S. 226.
23 Weimarer Ausgabe. 1. Abtl., Bd.V, 3, S. 115.

(59),[24] „Geschwindschreiber" (330) oder „Schmierer" (48) abgetan, denen es vor allem darum gehe, „aufregende" Thesen zu verbreiten und damit auf der Leipziger Messe ihren Schnitt zu machen. Doch wenn es nur das gewesen wäre! Ihre Hauptgegner sahen Goethe und Schiller in den deutschen Jakobinern. Am schärfsten nahmen sie sich dabei Johann Friedrich Reichardt, einen Berliner Komponisten sowie Freund Herders und Jean Pauls, vor, der sich Anfang der neunziger Jahre als Reiseschriftsteller und Zeitschriftenherausgeber für die Verbreitung der Ideen der Französischen Revolution eingesetzt hatte, um das bereits durch Nicolai liberal gestimmte bürgerliche Publikum in rebellische Freiheitsfreunde zu verwandeln. Seine beiden Journale, die unter den anspruchsvollen Titeln „Frankreich" bzw. „Deutschland" erschienen, wurden daher von Goethe und Schiller als die politische und sozioökonomische Realität der deutschen Kleinstaaterei außer Acht lassende „papierne" Phantasmagorien disqualifiziert (208). Was sie Reichardt vor allem verübelten, war das Faktum, dass er sich aus einem Höfling geradezu über Nacht in einen Sansculotten gewandelt habe. Und das empfanden sie als „Undank" seinen bisherigen Gönnern gegenüber. Dementsprechend erklärten sie im Xenion 216: „Erst habt ihr die Großen beschmaust, nun wollt ihr sie stürzen; / Hat man Schmarotzer doch nie dankbar dem Wirte gesehn." Doch wer war hier der tatsächliche Schmarotzer: der reaktionäre König Friedrich Wilhelm II. von Preußen, der sich an den Kompositionen seines Hofkapellmeisters delektierte, oder der hart arbeitende Reichardt, der sie ihm vorspielte? Und wie fühlte sich Goethe selbst in seiner Rolle als „Höfling"? War er nicht auch einer der von ihm angegriffenen „Schmarotzer"? Es lässt sich daher schwerlich leugnen, dass Goethe seine Xenien – stärker als andere Werke dieser Jahre – auch für das Auge jenes Herzogs schrieb, in dessen Diensten er seit 1775 stand und der ihm 1792 das stattliche Haus am Frauenplan geschenkt hatte. Ein ehemaliger „Höfling" wie Reichardt, der zu den „Revolutionären" übergegangen war, verunsicherte Goethe daher wesentlich mehr als der „redliche" Nicolai, der bei seinem aufklärerischen Leisten geblieben war.

Wie alle Sansculotten erschien Goethe und Schiller ein Mann wie Reichardt von vornherein als ein nichtswürdiger „Hund". „Meine Wahrheit", lassen sie ihn sagen, „besteht im Bellen, besonders wenn irgend / Wohlgekleidet ein Mann auf der Straße sich zeigt" (210). In der gleichen Tonlage heißt es im Xenion 211: „Ein echter / Demokratischer Spitz klafft nach dem seidenem Strumpf." Noch deutlicher hätten Goethe und Schiller ihrem politischen Ressentiment kaum freie Zügel lassen können. Doch es war nicht nur der Jakobiner Reichardt, den sie angriffen. Auch andere deutsche Patrioten und Patriotinnen wie Joachim Heinrich Campe, Therese Huber oder Carl Friedrich Cramer – der wegen seiner rebellischen Gesinnung 1794 die Kieler Universität verlassen musste und zwei Jahre später in Reichardts Zeitschrift „Frankreich" sein aufmüpfiges „Pariser Tage-

---

24 Zitiert werden die „Xenien" im Text nach der Nummerierung der Weimarer Ausgabe. 1. Abtl., Bd. V,1.

buch" veröffentlichte – wurden in den sie betreffenden Xenien mit gleicher Schärfe als treulose Schwätzer abgekanzelt, die sich außerhalb der bestehenden Gesellschaft gestellt hätten. „Sag", heißt es an einer Stelle, „wo steht in Deutschland der Sansculott? In der Mitte; / Unten und oben besitzt jeglicher, was ihm behagt" (233). Vor allem die Sucht nach neuen „Verfassungen" (232) oder gar „Umwälzungen" (219) lehnten Goethe und Schiller strikt ab. Stattdessen traten sie den deutschen Jakobinern im Sinne des „benevolenten" Absolutismus mit der den herrschenden Status quo rechtfertigenden Maxime entgegen: „Jedem Besitzer das Seine, und jedem Regieren den Rechtssinn! / Das ist zu wünschen, doch ihr, beides verschafft ihr uns nicht" (234).

Selbst der edelmütige Mainzer Jakobiner Georg Forster, dessen Übersetzung der indischen „Sakontala" Goethe vorher tief beeindruckt hatte und dem er sogar noch am 25. Juni 1792 brieflich für die Übersendung des zweiten Teils der „Ansichten vom Niederrhein" seinen Dank aussprach, wurde in den „Xenien" ebenso unbarmherzig angegriffen wie alle anderen angeblich verblendeten „Freiheitsschwärmer". Wie scharf sich Goethe nach dessen Beteiligung an der Mainzer Republik von Forster abwandte, geht aus einem seiner Briefe an Samuel Thomas Soemmering vom 13. Februar 1794 hervor, in dem er den Tod des kurz zuvor in Paris verstorbenen Forster als eine verdiente Buße für dessen politische „Irrtümer" hinstellte.[25] Ja, zwei Jahre später schickte Goethe dem tragisch gescheiterten Forster sogar noch drei böswillige Xenien nach, in denen er ihn als einen „rasenden Tor" hinstellte, der erst in „unglücklicher Eilfertigkeit" Freiheit und Gleichheit verkündet habe und jetzt als ein innerlich zerrissener Enragé in der Hölle – voller Wut über seine politischen Verfehlungen – sicher seine dreifarbige Kokarde „zerzause".[26]

Bei all diesen Angriffen bedienten sich Goethe und Schiller gern jener völkerpsychologischen Klischees, nach denen die Deutschen brave Bildungsbürger und die Franzosen verantwortungslose Aufrührer seien. Alle auf größere Freiheit drängenden Parolen stellten sie deshalb von vornherein als revolutionäre „Kontrebande", mit anderen Worten: als „französisches Gut" hin (3). dessen Anziehungskraft selbst diesseits des Rheins einige kurzsichtige Intellektuelle betört habe. Dies seien jene Männer, deren aufrührerische Reden auch in Deutschland eine Rotte von Narren mit „roten Kappen" verführt hätten (217), mit „großspurigen Phrasen" (233) als „Maulverbrecher" oder „Schreckensmänner" aufzutreten, über die jedoch jeder wackere Bürger nur „lachen" könne (215).

All das spricht letztlich für sich selbst. Mit Xenien dieser Art griffen Goethe und Schiller nicht nur ihre literarischen Nebenbuhler an, sondern verteidigten zugleich handfeste Klassenpositionen. So heißt es etwa im Xenion 60 mit herrischem Ton über die „Bedientenpflicht" der Lakaien: „Rein zuerst sei das Haus, in welchem die Königin einzieht, / Frisch dann die Stuben gefegt / Dafür, ihr

---
25   Vgl. Helmut Peitsch: Johann Georg Forster, in: Goethe Handbuch (wie Anm. 5), S. 295.
26   Goethe und die Französische Revolution (wie Anm. 17), S. 137.

Herren, seid ihr da." Dem weiblichen Gesinde gelten folgende Zeilen: „Auf den Sessel der Frau pflanze die Magd sich nicht hin" (61). Wer es wagen sollte, sich gegen solche Maximen aufzulehnen, wird von vornherein als alle bisherigen Standesgrenzen missachtender „Freiheitsapostel" hingestellt, der im Sinne einer verwerflichen Sklavenmoral nur darum an den Pöbel appelliere, um sich selber zum Herren aufzuschwingen. Leider gebe es genug naive Schwärmer, heißt es an anderen Stellen, die solche ideologischen Hochstapeleien nicht durchschauten, da sie à la Rousseau an die ursprüngliche Güte in der Seele eines jeden Menschen glaubten (32). Davon könne jedoch keine Rede sein. Gutsein, verkünden die „Xenien" mit einem fast an Thomas Hobbes gemahnenden Pessimismus, ergebe sich nicht aus der Natur des Menschen, sondern nur aus der Befolgung von oben festgelegter Gesetze. Im Sinne der herkömmlichen dynastischen Verhältnisse heißt es demzufolge noch in Goethes nach der Jahrhundertwende verfassten „Zahmen Xenien": „Wo die Macht ist, / Ist doch auch das Recht zu sein."[27] Ja, dort wird Goethes Abneigung gegen „Popularisches" sogar noch massiver.[28] Dafür sprechen Zeilen wie: „Mir ist das Volk zur Last, / Meint es doch dies und das, / Weil es die Fürsten haßt, / Denkt es, es wäre was."[29] Gelobt werden hier wiederum nur jene Vertreter der unteren Klassen, die sich zu der empfehlenswerten Einsicht durchgerungen hätten: „Wir leben ohne Neid und Haß,/ Begehren nicht des anderen Titel."[30]

Was darum Goethe und Schiller in ihren „Xenien" von 1796 den Deutschen anrieten, war vor allem die Parole: „Ruhe ist die erste Bürgerpflicht". Statt sich in die größere Politik einzumischen, die ein Privileg der Fürsten und der von ihnen ernannten Minister sei, heißt es mehrfach, solle der Bürger allen „Parteigeist" stets von sich weisen (94) und sich lieber auf eine „ruhige Bildung" beschränken (93). Als weltanschauliche Zielvorstellungen boten hierbei Goethe und Schiller ihren Landsleuten vor allem bewusst entpolitisierte Konzepte wie Gelehrsamkeit und individuelle Menschlichkeit an. Dementsprechend heißt es unter der Überschrift „Deutscher Nationalcharakter": „Zur *Nation* euch zu bilden, ihr hofft es, Deutsche, vergebens; / Bildet, ihr könnt es, dafür freier zu Menschen euch aus" (96). Worin allerdings diese Freiheit bestehen sollte, darüber schwiegen sich die beiden Xenisten aus. Aus dem Gesamtzusammenhang geht jedoch deutlich genug hervor, dass damit die Freiheit jener Bürger gemeint war, die sich in ihren geistigen Bestrebungen von vornherein auf den Bereich der Kultur beschränken würden. Und dieses kulturelle Bildungsbemühen sahen sie vor allem in einer verstärkten Hinwendung zu den überzeitlichen Normen der Antike. So heißt es etwa in dem Distichon „Deutscher Genius" in den gleichzeitig entstandenen „Tabulae votivae" geradezu apodiktisch: „Ringe,

---

27 Vgl. Weimarer Ausgabe (wie Anm. 23), S. 153.
28 Ebd., S. 151.
29 Ebd., S. 152.
30 Ebd., S. 24.

Deutscher, nach römischer Kraft, nach griechischer Schönheit, / Beides gelang dir, doch nie glückte der gallische Sprung."[31]

IV

Kommen wir zu einigen Folgerungen. Statt eine politische Solidarität mit den bürgerlichen Aufklärern und Jakobinern anzustreben, zogen sich Goethe und Schiller in Winter 1795 auf 1796 mit ihren „Xenien" in eine „machtgeschützte Innerlichkeit" zurück, der eine unverhohlene Übereinstimmung mit den herrschenden feudalabsolutistischen Verhältnissen zugrunde lag, die sie mit einer ideologisch-ästhetischen Verklärung der Antike zu verschleiern suchten. Aufgrund dieser Haltung, die etwas unleugbar Aristokratisches hat, manövrierten sich Goethe und Schiller zusehends in eine politische und künstlerische Abseitslage hinein. Die kleinbürgerlichen Leserschichten, die wegen ihrer Unbildung oder bewusst kompensatorischer Neigungen lediglich empfindsame Romane oder handlungsreiche Ritter- und Räubergeschichten verschlangen, nahmen ihre Schriften ohnehin nicht wahr, während sich die jakobinisch gesinnten Rebellen und dann die ins Religiöse abdriftenden Romantiker zusehends von ihnen abwandten. Was ihnen blieb, waren demnach nur die bürgerlichen Liberalen, und die hatten sie mit ihren „Xenien" so schockiert, dass sie auch unter ihnen zeitweilig keine große Anhängerschaft hatten. Selbst den meisten Vertretern dieser Schichten erschien die von Goethe und Schiller eingenommene Pose reichlich elitär, wenn nicht gar hybrid. Schließlich hatten diese beiden ihre „Klassik"-Konzepte nur darum entwickeln können, weil ihnen der Weimarer Hof eine von allen äußeren Bedrängnissen abgeschirmte Intellektuellenexistenz ermöglichte, die fast der von Paradiesvögeln gleichkam.

Fast alles, was Goethe und Schiller in den folgenden Jahren schrieben, missfiel daher ihren liberal denkenden Zeitgenossen. Umso zufriedener waren hingegen die Vertreter der altständischen Ordnung mit ihren „Xenien" und den darauffolgenden Publikationen. Zugegeben, viele dieser Schriften wirken heutzutage geradezu läppisch. Dennoch sollte man ihre konterrevolutionäre Wirkung auf die nachfolgenden Generationen nicht unterschätzen. Das gilt vor allem für jene zwei Werke, die im Laufe des 19. Jahrhunderts zu den meistzitierten Lieblingen des „gebildeten" Bürgertums aufstiegen: Goethes Kleinepos „Hermann und Dorothea" und Schillers Gedicht „Das Lied von der Glocke". Diese Sonderrolle spielten sie vor allem deshalb, weil sich beide in aller Offenheit gegen die Parolen der Französischen Revolution wandten, in denen die sich allmählich ökonomisch „saturierende" Bourgeoisie, wie bisher der Adel, eine Bedrohung ihrer Besitzideologie sah. Besonders beliebt waren daher in diesem Umkreis die Schlusszeilen von „Hermann und Dorothea", wo es heißt: „Desto fester sei, bei

---
31 Ebd., S. 313.

der allgemeinen Erschütterung, / Dorothea, der Bund! Wir wollen halten und dauern, / Fest uns halten und fest an der schönen Güter Besitztum. / Denn der Mensch, der zu schwankender Zeit auch schwankend gesinnt ist, / Der vermehret das Übel, und breitet es weiter und weiter; / Aber wer fest in dem Sinne beharrt, der bildet die Welt sich. / Nicht dem Deutschen geziemt es, die fürchterliche Bewegung / Fortzuleiten, und auch zu wanken hierhin und dorthin. / Dies ist unser! so laß uns sagen und so es behaupten!"[32] Noch schärfer drückte sich Schiller in seinem „Lied von der Glocke" in dieser Hinsicht aus, wo sich gegen Ende die Zeilen finden: „Freiheit und Gleichheit! hört man es schallen, / Der ruhge Bürger greift zur Wehr, / Die Straßen füllen sich, die Hallen, / Und Würgerbanden ziehn umher; / Da werden Weiber zu Hyänen / Und treiben mit Entsetzten Scherz, / Noch zuckend, mit des Panthers Zähnen / Zerreißen sie des Feinds Herz. / Nichts Heiliges ist mehr, es lösen / Sich alle Bande frommer Scheu, / Der Gute räumt den Platz dem Bösen, / Und alle Laster walten frei."[33]

Um wie viel verehrenswerter ständen Goethe und Schiller da, wenn sie zu diesem Zeitpunkt in ihren Werken die Partei der damaligen Freiheitsfreunde ergriffen hätten! Dass sie es nicht getan haben, lässt sich unter moralischen Gesichtspunkten schwerlich verteidigen. Aber nach 1793/94, das heißt nach der Liquidierung der Mainzer Republik und dem Zusammenbruch der Pariser Jakobinerherrschaft, weiterhin an revolutionären Parolen festzuhalten, hätte – einmal ganz konkret gesehen – in Deutschland wenig in Bewegung gesetzt. Manche der von Goethe und Schiller publizierten Xenien und der auf sie folgenden Werke verraten daher in ihrer politischen „Mäßigung" durchaus eine realistische Einsicht in die politischen und sozioökonomischen Entwicklungszustände, die in Deutschland – aufgrund der herrschenden Kleinstaaterei – noch nicht jenes Stadium erreicht hatten, aus dem sich zwangsläufig eine Revolution ergeben hätte. Das sei den Verfassern dieser Schriften – wohl oder übel – zugute gehalten. Aber mussten sie dabei wirklich über all jene Radikalaufklärer oder Jakobiner herfallen, die zumindest im ideellen Bereich weiterhin an gesellschaftlichen Veränderungsvorstellungen festzuhalten versuchten? War das kein Verrat an ihrer eigenen Klassenherkunft, durch den sich Goethe und Schiller als ehemalige Bürger zu Handlangern des feudalabsolutistischen Systems erniedrigten? Deshalb sollte man ihre „Xenien" wie auch viele ihrer angeblich „klassischen" Werke stets mit einer Sehweise lesen, die deutlich zwischen den einsichtsvollen und den infamen Aspekten der in ihnen vertretenen Anschauungen zu unterscheiden weiß.

---

32 Goethe: Sämtliche Werke (wie Anm. 14), Bd. I, S. 361.
33 Schiller: Sämtliche Werke (wie Anm. 18), Bd. IV, S. 302.

Lorenz Gösta Beutin

„Vox populi, vox Dei"
Zur romantischen Judenfeindschaft in den Märchen Wilhelm Hauffs

In seiner Aufsatzsammlung „Der deutsche Weg der Judenemanzipation. 1789-1938"[1] schildert Walter Grab die Geschichte der jüdischen Emanzipation in Deutschland von ihren Anfängen in den Zeiten der Aufklärung bis zum Ende der Weimarer Republik. Für ihn ist das Scheitern der Judenemanzipation in Deutschland eng mit der Niederlage der Demokratiebewegungen verknüpft, genauso wie ihr Erfolg eng verwoben ist mit dem Ziel allgemein menschlicher Emanzipation:

> „Der Kampf um die Emanzipation der Juden war seit Anbeginn Teil des allgemeinen Kampfs von Aufklärern und Revolutionären um Menschenrechte und soziale Gerechtigkeit: Sollte die gesellschaftliche Integration der Juden erfolgreich sein und allen politischen Wechselfällen standhalten, so mußte die demokratische Idee und Lebensform im öffentlichen Bewußtsein fest verankert sein. Für die Juden bedeutete die Errichtung einer demokratischen Ordnung, die ausnahmslos allen Bürgern politische Gleichberechtigung gewährte, eine unerläßliche Lebensnotwendigkeit. Demokratie und Judenemanzipation waren also zwei Seiten derselben Medaille."[2]

Das Scheitern der Judenemanzipation kündigte sich in der Metamorphose des christlichen Antijudaismus zum modernen Antisemitismus im 19. Jahrhundert an. Dieser Wandel spiegelt sich auch in Texten deutscher Romantiker wider. Wie die Entstehung des modernen Antisemitismus mit der Entwicklung der bürgerlichen Gesellschaft zusammenhing, soll hier exemplarisch anhand der Märchenalmanache Wilhelm Hauffs untersucht werden. Die Schilderung des Juden Abner in dem Märchen „Abner, der Jude, der nichts gesehen hat"[3] soll dazu in Beziehung gesetzt werden zu den Vorstellungen von der bürgerlichen Welt in den Märchen „Das kalte Herz"[4] und „Der Zwerg Nase"[5].

---

1 Walter Grab. Der deutsche Weg der Judenemanzipation. 1789-1938, München 1991.
2 Ebd., S. 7.
3 Wilhelm Hauffs Märchen, Leipzig 1911, S. 173-183.
4 Ebd., S. 370-399.
5 Ebd., S. 138-172.

Der Dichter und die Lesewelt

Wilhelm Hauff wurde am 29. November 1802 in Stuttgart geboren. Er starb bereits im Alter von 25 Jahren am 18. November 1827 in seiner Geburtsstadt. Neben seinem an die Werke Walter Scotts angelehnten historischen Roman „Liechtenstein" sind seine drei Märchenalmanache, die zwischen 1825 und 1827 erschienen, am bekanntesten. Diese Almanache, zusammengefasst unter dem Titel „Märchen für Söhne und Töchter gebildeter Stände", bieten, eingefasst in einer Rahmenhandlung, jeweils vier bis sechs verschiedene Märchen. Die Märchen „Der Zwerg Nase" und „Abner, der Jude, der nichts gesehen hat", finden sich im 1826 erschienen Almanach „Der Scheich von Alexandria und seine Sklaven". „Das Kalte Herz" findet sich in der letzten, 1827 erschienen Sammlung mit dem Titel „Das Wirtshaus im Spessart".

Der preußische Hofrat Hauff, der erst drei Jahre vor seinem Tod mit der Schriftstellerei begann, bediente in seinen Werken bewusst den Geschmack seiner Leserschaft. In seiner satirischen Geschichte „Die Bücher und die Lesewelt"[6], in der er in der Form des Ich-Erzählers von einem angehenden Schriftsteller berichtet, der von einem Bibliothekar einer Leihbibliothek in die geheimen Geschmäcker seiner Kundinnen und Kunden eingeführt wird, macht Hauff ironisierend deutlich, dass er die Mechanismen der Literaturproduktion für den Massengeschmack durchschaut hat. Sein Protagonist kommt zum Ende der Geschichte in einer Schreibwerkstatt unter, deren Motto lautet: „Verletzt eher die Wahrheit der Geschichte, verzeichnet lieber einen historischen Charakter, nur sündigt nie gegen die Mode der Zeit und den herrschenden Geschmack des Publikums."[7]

Um eine Einordnung der Märchen Wilhelm Hauffs vornehmen zu können und die antijüdischen Anschauungen Hauffs in Beziehung setzen zu können zur bürgerlichen Ideologie seiner Zeit, bedarf es eines kurzen historischen Abrisses, der sowohl die Situation der bürgerlichen Gesellschaft zu Beginn des 19. Jahrhunderts als auch die Situation der Juden[8] und die Genese antijüdischer Vorurteile (besonders bei den deutschen Romantikern) behandelt. Danach werde ich

---

6 Wilhelm Hauff: Die Bücher und die Lesewelt, in: Wilhelm Hauff's sämtliche Werke. Mit einer biographischen Einleitung von Alfred Weile. Illustriert von Hans Looschen. In fünf Bänden, Bd. 5, Berlin o. J., S. 339-353.
7 Ebd., S. 353.
8 Im Folgenden wird der Begriff ‚Juden' als kollektivierender Begriff benutzt. Dieses ist problematisch, da dabei eine vorhandene Einheit konstruiert wird. Die Konstruktion einer ‚jüdischen Rasse', die in der Geschichte eine so fatale Wirkungsmächtigkeit entfaltete, war und ist eine gegen ‚die Juden' gerichtete Konstruktion von außen. Trotzdem ist die Verwendung in den meisten Fällen nicht zu umgehen, da dieses ideologische Konstrukt ja als real wahrgenommen und somit auch in der Realität nachhaltig wirksam wurde. Es kann also nur darum gehen, sich dieser Problematik bewusst zu machen und auf die Gegenwart bezogen daraus Konsequenzen zu ziehen.

"Vox populi, vox Dei" 51

auf dieser Grundlage die antijüdischen Stereotype in den behandelten Märchen Hauffs analysieren, in Beziehung setzen zur gesellschaftlichen Mentalität seiner Zeit und einige mögliche Erklärungsansätze aufzeigen.

Deutschland, die Französische Revolution und die Juden

Im Absolutismus des ‚Heiligen Römischen Reiches' bildeten Juden eine von der christlichen Mehrheit abgespaltene Bevölkerungsgruppe. Sie waren von der Produktion materieller Güter ausgeschlossen und erniedrigenden Sondergesetzen – besonders im Abgabenbereich – ausgesetzt. Einzig im handelnden Gewerbe sich zu betätigen war ihnen gestattet. So waren sie im besten Fall als Hoffaktoren bei Fürsten oder Königen angestellt oder machten ihre Geschäfte zum Beispiel im Viehhandel. Die Regel waren aber gesellschaftlich nicht hoch angesehene Berufe, wie die Betätigung als Pfandleiher, denen es, da sie hohe Abgaben bezahlen mussten, gestattet war, hohe Zinsen zu nehmen – daher der Begriff des ‚Wucherers'. Die Mehrzahl existierte als Trödler, Markthändler oder Hausierer, der soziale Abstieg zum Bettler war oft vorprogrammiert. Besonders in wirtschaftlichen Krisensituationen mussten sie aufgrund ihrer separierten Situation als Blitzableiter herhalten. Das städtische Bürgertum – wie zuvor auch schon Adel und Fürstentum – drängte zuzeiten auf ihre Vertreibung, da es diese oftmals als Konkurrenten ansah. Dabei mussten religiöse Beschuldigungen oder einfache Schauermärchen als Vorwand herhalten, wie zum Beispiel die Juden seien Jesusmörder oder – noch aus Zeiten der Pest rührend – Brunnenvergifter. „Die gepeinigten und verachteten Juden befanden sich also in einem Teufelskreis sozialer Zwänge, dem sie nicht zu entrinnen vermochten."[9]

Die Stellung der Juden war immer verknüpft mit der sozioökonomischen und politischen Entwicklung der jeweiligen Gesellschaft. So hing deren Geschichte im 19. Jahrhundert eng zusammen mit der Entstehung der bürgerlich-kapitalistischen Gesellschaft: Im Zuge der Aufklärung erfolgte eine weitgehende Säkularisierung der meisten gesellschaftlichen Bereiche. Religiöse Kriterien zur Einteilung der Gesellschaft wurden durch ökonomische ersetzt; da gottgegebene Hierarchien nicht mehr zu halten waren, wurde die Gleichheit aller Einwohner vor dem Gesetz postuliert. Das bedeutete, dass auch die religiös begründete Ausgrenzung eines Bevölkerungsteils nicht mehr opportun war. „Die jüdische Emanzipation ist daher ein integraler Bestandteil des Übergangs vom statischen Privilegiensystem zur dynamischen Klassengesellschaft."[10] Die Frage der ‚Judenemanzipation' trat zum Ende des 18. Jahrhunderts auf den Plan, wobei diese in Deutschland von den Führungseliten – anders als im revolutionären Frankreich – nicht als gemeinsames Projekt begriffen wurde, sondern als obrig-

---
9   Walter Grab: Der deutsche Weg der Judenemanzipation (wie Anm. 1), S. 7-11.
10 Ebd., S. 13.

keitsstaatliche Aufgabe, als erzieherische Maßnahme.[11] Es sollte – so der Titel eines 1781 erschienenen Buches des damaligen Kriegsrates und preußischen Beamten Christian Wilhelm Dohm – um „die bürgerliche Verbesserung der Juden" gehen.[12]

Erst die Französische Revolution, deren wesentlicher Bestandteil die politische Gleichheit aller Bürger war, die also auch die Gleichstellung der Bürger jüdischen Glaubens zum Ziel hatte, brachte mit ihren Ideen, die anfangs auch in Deutschland vereinzelt glühende Anhänger fanden – besonders unter den Frühromantikern –, Fortschritte in der Frage der Judenemanzipation, wobei diese Fortschritte in Deutschland mit ihrer Umsetzung in den Preußischen Reformen nur sehr moderat ausfielen. Schließlich wurde mit der Besetzung linksrheinischer Gebiete durch Napoleon die volle rechtliche Gleichstellung, die Bestandteil des „Code Napoleon" war, in vielen Regionen Deutschlands realisiert.[13]

Doch der aufkeimende deutsche Nationalismus, der sich gegen die Besetzung durch Napoleon wandte und somit auch gegen die Ideen der Französischen Revolution, lehnte eine Gleichstellung der Bevölkerungsanteile jüdischen Glaubens ab. Vielmehr ging man häufig aus von einer ‚jüdischen' anthropologischen Konstante, die es unmöglich mache, den Juden Bürgerrechte zuzuerkennen. So zum Beispiel der Philosoph Johann Gottlieb Fichte, der Juden 1793 zwar die allgemeinen Menschenrechte gewähren wollte, „denn sie sind Menschen, und ihre Ungerechtigkeit berechtigt uns nicht, ihnen gleich zu werden", aber nicht die Rechte des Staatsbürgers:

> „Aber ihnen Bürgerrechte zu geben, dazu sehe ich wenigstens kein Mittel, als das, in einer Nacht ihnen allen die Köpfe abzuschneiden, und andere aufzusetzen, in denen auch nicht eine jüdische Idee sei. Um uns vor ihnen zu schützen, dazu sehe ich wieder kein ander Mittel, als ihnen ihr gelobtes Land zu erobern und sie alle dahin zu schicken."[14]

Für den jungen Marx stellte sich diese Frage anders. Er sah die Problematik darin, dass in Deutschland „kein politischer Staat existiert", sondern der Staat „das Christentum zu seiner Grundlage" habe. So sei die Voraussetzung für eine Emanzipation der Juden die Entstehung eines politischen Staates, in dem eine „politische Emanzipation" – „innerhalb der bisherigen Weltordnung" – erst

---

11   Reinhard Rürup: Judenemanzipation und bürgerliche Gesellschaft in Deutschland, in: Vorurteil und Völkermord. Entwicklungslinien des Antisemitismus, hrsg. v. Wolfgang Benz, Werner Bergmann, Freiburg i. Br. 1997, S. 117-158, hier S. 117-121.
12   Detlev Claussen: Vom Judenhaß zum Antisemitismus, in: Vom Judenhass zum Antisemitismus. Materialien einer verlängerten Geschichte, hrsg. v. dems., Darmstadt 1987, S. 10f.
13   Walter Grab: Der deutsche Weg der Judenemanzipation (wie Anm. 1), S. 15.
14   Johann G. Fichte: Schriften zur Revolution, hrsg. v. Bernard Willms, Frankfurt am Main 1973, S. 176.

möglich würde.[15] Das heißt, Marx betrachtete die „Judenfrage" nicht als isoliert vom Rest des gesellschaftlichen Prozesses, sondern als Bestandteil einer allgemeinen, menschlichen Emanzipation:

> „In Deutschland kann keine Art der Knechtschaft gebrochen werden, ohne jede Art der Knechtschaft zu brechen. Das gründliche Deutschland kann nicht revolutionieren, ohne von Grund aus zu revolutionieren."[16]

Dass in Deutschland letztendlich nicht der Weg Marxens, sondern der Fichtes eingeschlagen wurde, liegt insbesondere in der Ablehnung der Französischen Revolution begründet sowie in dem Fehlen einer eigenen erfolgreichen bürgerlichen Revolution. Mit der Restauration und der Konstitution des Deutschen Bundes auf den Grundlagen anachronistischer Herrschaftsformen wurde ein Nationalismus gefördert, der nicht wie in Frankreich von der Nation, verstanden als Gemeinschaft von (politisch gleichen) Staatsbürgern, ausging, sondern von der Nation als metaphysischer, quasi natürlicher ‚Schicksalsgemeinschaft' des ‚deutschen Volkes'.

Das Idealbild nationaler Denker wie Ernst Moritz Arndt und Friedrich Ludwig Jahn war das einer Einigung der deutschen Nation als biologisch begründeter Blutsgemeinschaft. Zum integralen Bestandteil des neuen Nationalgefühls wurde das Christentum erklärt, wobei „die traditionelle religiöse Judenfeindschaft durch eine biologisch und wertmäßig abgestufte Hierarchie von Menschenrassen"[17] ersetzt wurde. So verbrannten die Teilnehmer des Wartburgfests 1817 symbolisch ein Buch eines jüdischen Autors und den „Code Napoleon" – den Gesetzestext, der die politische und juristische Gleichheit aller Staatsbürger festlegte und feudale Strukturen und Privilegien aufhob. Die Verbrennung des Buches des jüdischen Schriftstellers Saul Ascher, der sich darin gegen die „Germanomanie" gewandt hatte, wurde von dem Ausspruch begleitet: „Wehe über die Juden, so da festhalten an ihrem Judenthum und wollen über unser Volksthum und Deutschthum spotten!"[18]

Bis auf das preußische Rheinland, in dem bis 1900 Napoleons Gesetzbuch in Kraft blieb, wurden mit der Restauration – eingeleitet durch den Wiener Kongress 1814/15 – alle Reformen, die Juden bürgerliche Rechte zuerkannten, weitgehend rückgängig gemacht. Mit der Restauration und später nach der gescheiterten 48er-Revolution[19] wurde die Judenfeindschaft in Form eines Konglome-

---

15 Karl Marx: Zur Judenfrage, in: MEW 1, Berlin 1974, S. 347-377, hier S. 351-356.
16 Ders.: Zur Kritik der Hegelschen Rechtsphilosophie. Einleitung, in: MEW 1, Berlin 1974, S. 378-391, hier S. 391.
17 Walter Grab: Der deutsche Weg der Judenemanzipation (wie Anm. 1), S. 15f.
18 Gerhard Schäfer: Die frühe Burschenschaftsbewegung, in: Dietrich Heither, Michael Gehler, Alexandra Kurth, Gerhard Schäfer: Blut und Paukboden. Eine Geschichte der Burschenschaften, Frankfurt am Main 1997, S. 14-53, hier S. 23-31.
19 Eine in der Paulskirchen-Verfassung manifestierte Forderung war die rechtliche Gleichstellung der Juden.

rats aus rassistischen und religiösen Stereotypen zementiert und so zum Bestandteil des Bewusstseins des ‚deutschen Volkes'.

Die deutsche Romantik und der moderne Antisemitismus

Von dieser Entwicklung blieben die meisten deutschen Romantiker, die sich ursprünglich in der Mehrzahl als Anhänger der Französischen Revolution gerierten, nicht unberührt. Waren zuerst in der Romantik „rational-progressive Elemente" hegemonial, so gewannen in Abgrenzung zu Aufklärung und Französischer Revolution zunehmend „mythisch-irrationale" die Oberhand. Mit dem Zurückgehen hinter die Ideen der Aufklärung, dem Postulat des Vorrangs des Gefühls vor dem Verstand und einer biologistischen Betrachtung der historischen Entwicklung und der Gesellschaft wurde der Boden bereitet für einen Begriff vom ‚deutschen Volk', dessen Zugehörigkeitsgefühl sich konstituiert über den völkischen Begriff der „natürlichen Abstammung". Damit setzten sich in der deutschen Romantik die „restaurativ-chauvinistischen" Tendenzen gegenüber den „bürgerlich-progressiven" durch.[20] Antijüdische Ressentiments gehörten in diesen Kreisen oft zum ‚guten Ton'.

Ein Beispiel einer Vereinigung, die traditionelle religiöse Vorurteile mit biologistischen Zuschreibungen verband, ist die „Christlich-deutsche Tischgesellschaft" von 1811, die in ihren Statuten einen Paragraphen hatte, „der nicht nur Juden, sondern auch Getaufte und ihre Nachkommen von der Mitgliedschaft"[21] ausschloss. Zu dieser illustren Vereinigung gehörten so bekannte Vertreter der deutschen Romantik wie Heinrich von Kleist, Clemens Brentano, Achim von Arnim, Friedrich de la Motte Fouqué, Friedrich Schleiermacher, Carl von Clausewitz und Johann Gottlieb Fichte. Vor dieser Gesellschaft hielt Achim von Arnim einen Vortrag „Über die Kennzeichen des Judentums". Physisch schrieb er ihnen einen plumpen Körperbau, übel riechende Körperausdünstungen und eine Vielzahl an Erbkrankheiten zu, psychische Eigenschaften seien das Brechen von Gesetzen, die Neigung zu spekulativen Geschäften und die Widersetzlichkeit gegenüber Obrigkeiten. Er behauptete, dass „beinahe das gesamte Vermögen der Nationen wieder in der Juden Hände gekommen" sei und das „reiche Geschlecht der Juden" „in jedem öffentlichen Unglücke sein Gedeihen" fände, da es „an kein Vaterland gebunden" sei. Um ihre chemischen Kennzeichen in ein zuverlässiges System zu bringen, schlug er vor, Juden zu

---

20 Gerhard Schäfer: Die frühe Burschenschaftsbewegung (wie Anm. 18), S. 14-16.
21 Heinz Härtl: Arnim und Goethe. Zum Goethe-Verhältnis der Romantiker im ersten Jahrzehnt des 19. Jahrhunderts, Phil. Diss. Halle/S. 1971 (masch.), Anhang, S. 489; zit. nach Walter Grab: Der deutsche Weg der Judenemanzipation (wie Anm. 1), S. 16.

experimentellen Zwecken die Haut abziehen zu lassen und Juden in ihre Bestandteile zu „pulverisieren", um ihre Zusammensetzung zu analysieren.[22]

Sehr prägnant beschrieb auch Clemens Brentano in einem Vortrag 1811, woran man ‚Juden' erkennen könne:

> „[...] [E]r kann diese von den ägyptischen Plagen übriggebliebenen Fliegen in seiner Kammer mit alten Kleidern, an seinem Teetische mit Theaterzetteln und ästhetischem Geschwätz, auf der Börse mit Pfandbriefen und überall mit Ekel und Humanität und Aufklärung, Hasenpelzen und Weißfischen genugsam einfangen."[23]

Diese Vorstellungen entsprechen nicht mehr dem ‚traditionellen' Antijudaismus. Obwohl hier noch religiös tradierte Vorurteile aufscheinen, sind doch schon alle Komponenten des modernen Antisemitismus vorhanden: Religiöse Vorurteile aus der Bibel gehen mit biologischen Zuschreibungen – Juden als Ungeziefer – und physischen Diffamierungen, der Identifizierung ‚der Juden' mit dem Bereich der Zirkulationssphäre und der Behauptung der ‚Wurzellosigkeit' und Internationalität sowie mit der Identifikation mit den Ideen der Aufklärung eine unheilige Allianz ein.

Nicht mehr der emotionale, ‚unzivilisierte' Judenhass steht im Vordergrund; vielmehr äußert sich ein Antisemitismus, der sich rational und wissenschaftlich gibt, aber besonders irrational und wissenschaftsfern war und ist; wie an den Vorschlägen Arnims deutlich wird. Damit stellt jener eine der Grundlagen des ‚nationalsozialistischen' Antisemitismus dar, mit dem das fabrikmäßige Morden in Auschwitz überhaupt möglich wurde. Dies erforderte eine Abkehr vom „Antisemitismus aus rein gefühlmäßigen Gründen"; ein „Antisemitismus der Vernunft" sollte an seine Stelle treten.[24]

Früher Antisemitismus bei Hauff

Elemente dieser Vorform des modernen Antisemitismus lassen sich auch in den Märchen Wilhelm Hauffs wieder finden. So beginnt sein Märchen „Abner, der Jude, der nichts gesehen hat" mit den Sätzen: „Juden, wie Du weißt, gibt es überall, und sie sind überall Juden: pfiffig, mit Falkenaugen für den kleinsten Vorteil begabt, verschlagen, desto verschlagener, je mehr sie mißhandelt werden, ihrer Verschlagenheit sich bewußt, und sich etwas darauf einbildend."[25]

---

22 Walter Grab: Der deutsche Weg der Judenemanzipation (wie Anm. 1), S. 16f.
23 Clemens Brentano: Der Philister vor, in und nach der Geschichte. Scherzhafte Abhandlung, in: ders.: Werke, Bd. 2, München 1963, S. 959-1016, hier S. 965f., zit. nach Walter Grab: Der deutsche Weg der Judenemanzipation (wie Anm. 1), S. 17.
24 Adolf Hitler: Brief an Adolf Gemlich, in: Vom Judenhass zum Antisemitismus. Materialien einer verleugneten Geschichte, hrsg. v. Detlev Claussen, Darmstadt 1987, S. 190-193, hier S. 192.
25 Wilhelm Hauffs Märchen (wie Anm. 3), S. 173.

In dieser Geschichte – die man eigentlich nicht mehr als Märchen bezeichnen kann, da ihr jegliches märchenhafte Element fremd ist – gelingt es Abner, dem Juden, den Dienern des Kaisers von Marokko den entscheidenden Hinweis zum Wiederauffinden eines kaiserlichen Pferdes zu geben, da er seinen Blick mit „umherrollenden Augen, welche ewige Furcht und Besorgnis und die Begierde, etwas zu erspähen, womit etwas zu machen wäre"[26], immer auf den Boden gerichtet hält. Doch anstatt ihn zu belohnen, lässt der Kaiser ihn foltern, da Abner anfänglich nicht verraten will, woher er den Aufenthaltsort des Pferdes kennt. Beim nächsten Mal, als ein Diener des Kaisers entlaufen ist, wird er, obwohl er diesmal nichts gesehen hat, gezwungen, eine Richtung anzugeben, in die der Entflohene gelaufen ist. Da diese falsch war, wird er zum wiederholten Male gefoltert und zum Abschluss vom „Spaßmacher" des Königs mit den Worten verhöhnt: „Gehe nicht aus Deiner Hütte, Abner, Du weißt schon warum; schließe Dich ein in Dein Kämmerlein bis zu Sonnenuntergang, beides unter Schloß und Riegel."[27] Für Abner, den Juden, gibt es keine andere Möglichkeit, seinem Schicksal zu entrinnen als sich in seinem eigenen Reich zu verstecken und gesellschaftlichen Kontakt zu meiden. Er kann nicht durch individuelles Wohlverhalten aus seiner Stigmatisierung ausbrechen; seine Zugehörigkeit zur ‚outgroup' – den Juden – im Gegensatz zur ‚in-group' – der Gesellschaft – wird für ihn immer bestimmend bleiben. Mag dies als verhaltene Kritik an der gesellschaftlichen Behandlung der Juden gedacht sein, so weisen doch das Eingangszitat und die gesamte Charakterisierung des Abner in eine andere Richtung.

Auch bei Hauff werden, wie in der Beschreibung des Abner deutlich, Juden der Sphäre des unehrlichen und besonders des spekulativen Handels zugerechnet. So ist Abner „Arzt, ist Kaufmann, ist alles, was Geld einträgt; er hat heute einen Sklaven mit einem heimlichen Fehler verkauft, wohlfeil eine Kamelladung Gummi gekauft und einem reichen, kranken Mann den letzten Trank, nicht vor seiner Genesung, sondern vor seinem Hintritt bereitet."[28]

Es stellt sich hier die Frage, warum, wie es auch Hauff tut, so häufig Juden mit der Finanzsphäre und dem ‚unehrlichen' Handel identifiziert werden. Diese Problematik ist nicht allein mit den religiösen Vorurteilen zu erklären oder mit deren Transformation in rassistische. Vielmehr ist nach Hauffs Bild von der bürgerlichen Gesellschaft, das dieser Identifizierung zu Grunde liegt, zu fragen, denn es kommt „auf den gesellschaftlichen Zusammenhang [...] an, in dem der Antisemitismus erscheint."[29] Deshalb soll an dieser Stelle noch einmal die Entstehung der Trennung in ‚produktives' und ‚unproduktives' Kapital in den Punkten vertieft werden, die relevant sind, um eine Beziehung zu den antisemitischen Stereotypen in Hauffs Märchen herzustellen und diese dann in den Kontext der

---

26 Ebd.
27 Ebd. S. 181.
28 Ebd. S. 173.
29 Detlev Claussen: Vom Judenhaß zum Antisemitismus (wie Anm. 12), S. 8.

„Vox populi, vox Dei"   57

Mentalität seiner Zeit zu stellen. Dies soll unter Rückgriff auf marxistische und psychoanalytische Instrumentarien geschehen, die es meines Erachtens erlauben, einen Zugang zur Erklärung der Genese des modernen Antisemitismus als psychosoziale Konstruktion zu bekommen.

Reaktionärer ‚Antikapitalismus' und Antisemitismus

Mit dem Aufstieg des Bürgertums und der nach anfänglichen Startproblemen einsetzenden Industrialisierung in Deutschland, bemerkte man in zunehmendem Maße, dass an die Stelle alter Probleme – hierarchisches Feudalsystem etc. – neue getreten waren. In Deutschland, das in der ökonomischen und politischen Entwicklung, u. a. wegen der regionalen Zersplitterung des ‚Heiligen Römischen Reiches' in viele ‚Duodezstaaten', weit hinter den meisten anderen westeuropäischen Ländern (insbesondere England) zurücklag, begann der Prozess des teilweisen[30] Überganges vom Feudalismus zum Kapitalismus mit den Stein-Hardenberg'schen Reformen 1810/11.[31]

Hauffs Zeit war charakterisiert durch die Konstituierung kapitalistischer Vergesellschaftung, die einherging mit „freigesetzter Arbeitskraft, Kapitalakkumulation, Marktmechanismen und neuen technischen Arbeitsweisen." Auch der Agrarsektor, in dem feudale Strukturen noch am stärksten verankert waren, musste sich – im Zuge der preußischen Landreformen – zu einem nach den Gesetzen der Kapitalverwertung arbeitenden Gewerbe transformieren, was insofern von Bedeutung ist, da noch 1815 über 60 Prozent der arbeitenden Bevölkerungsanteile im primären Sektor tätig waren. Dieser Prozess, der das Konkurrenzprinzip und abstrakte Tauschbeziehungen zu den zentralen gesellschaftlichen Prinzipien machte, brachte eine Pauperisierung großer Teile der Bevölkerung, das Ende des zünftigen Handwerks und die Herausbildung von Klassengegensätzen mit sich.[32]

Obwohl der Feudalismus zusehends als Produktionsform durch kapitalistische Wirtschaftsweisen abgelöst wurde, so wurden doch mit der Restauration im ‚Deutschen Bund' alte Herrschaftsformen wieder eingeführt. So konnte das Bürgertum zwar die wesentlichen Machtpositionen im ökonomischen Bereich

---

30   Die Reformen stellten nur Teile der Produktionsverhältnisse um, die Herrschaft der damaligen Führungseliten blieb unangetastet.
31   Holger Schatz, Andrea Woeldike: „Deutsche Arbeit" und eliminatorischer Antisemitismus. Über die sozioökonomische Bedingtheit einer kulturellen Tradition, in: „Die Fratze der eigenen Geschichte". Von der Goldhagen-Debatte zum Jugoslawien-Krieg, hrsg. v. Jürgen Elsässer, Andrei S. Markovits, Berlin 1999, S. 103-123, hier S. 106.
32   Peter Stein: Sozialgeschichtliche Signatur 1815-1848, in: Zwischen Restauration und Revolution. 1815-1848, hrsg. v. Gert Sautermeister, Ulrich Schmid, München 1998 (=Hansers Sozialgeschichte der deutschen Literatur vom 16. Jahrhundert bis zur Gegenwart, Bd. 5), S. 16-37, hier S. 16-21.

erringen, im politischen blieb es jedoch vorwiegend machtlos. Diese Diskrepanz zwischen ökonomischer Macht und politischer Einflusslosigkeit bedingte die Unterschätzung der Bedeutung der Ökonomie seitens des Bürgertums.[33]

Entscheidend im Übergang vom Feudalismus zum Kapitalismus war, dass die Ökonomie, „ein rationales, über Sachen und sachliche Verhältnisse (Eigentum und Tausch) vermitteltes Machtverhältnis", alle gesellschaftlichen Bereiche erfasste. Waren unter feudalistischen Bedingungen die menschlichen Beziehungen noch durch persönliche Verhältnisse bestimmt, so traten nun an deren Stelle unpersönliche Tauschverhältnisse.[34]

Aber diese abstrakten gesellschaftlichen Beziehungen werden nicht als solche gesehen, sondern in den beiden Begriffen Ware und Geld als quasi-natürliche, überhistorische Kategorien begriffen. Nicht das Wesen der kapitalistischen Verhältnisse wird wahrgenommen, sondern nur ihre äußere Erscheinungsform.[35] Herrschaft wird nicht mehr persönlich vermittelt, sondern über ökonomische Zwänge, die als naturgegeben und damit unveränderlich dargestellt werden. In der bürgerlichen Gesellschaft verkleidet sich diese nach Adorno und Horkheimer in Produktion, wobei die Erscheinungen in der Zirkulationssphäre und nicht der reale Produktionsprozess als Ursache von Ausbeutung und ökonomischer Ungleichheit gesehen werden. „Die Verantwortlichkeit der Zirkulationssphäre für die Ausbeutung ist gesellschaftlich notwendiger Schein."[36]

Doch dieser „Schein" liegt begründet in einer falschen Analyse des kapitalistischen Produktions- und Zirkulationsprozesses sowie – daraus resultierend – des Kapitalismus insgesamt und der gesellschaftlichen Veränderungen, die dieser mit sich bringt. Diese Trennung zwischen realem Wesen und Erscheinungsform der kapitalistischen Wertvergesellschaftung kann man in Anlehnung an Marx als Vorgang mit Fetisch-Charakter bezeichnen. Die im Produktionsprozess erzeugte Ware enthält sowohl Gebrauchswert (individueller Wert zur Befriedigung eines bestimmten „gesellschaftliche[n] Bedürfnis[ses]") als auch Tauschwert (Austauschverhältnis mit anderen Waren, Repräsentation gesellschaftlicher Verhältnisse).[37] Die Ware wird im Tauschprozess durch das Geld als Äquivalent repräsentiert; Geld enthält also genau wie die Ware als deren Platzhalter auch Gebrauchswert und Tauschwert. Da jedoch in der Wahrnehmung die Ware dem Produktionsprozess entspricht, Geld aber der Zirkulationssphäre, wird in der

---

33   Detlev Claussen: Vom Judenhaß zum Antisemitismus (wie Anm. 12), S. 27f.
34. Ebd., S. 29.
35   Moishe Postone: Nationalsozialismus und Antisemitismus. Ein theoretischer Versuch, in: Antisemitismus und Gesellschaft. Zur Diskussion um Auschwitz, Kulturindustrie und Gewalt, hrsg. v. Michael Werz, Frankfurt am Main 1995, S. 29-43, hier S. 32f.
36   Theodor W. Adorno, Max Horkheimer: Elemente des Antisemitismus. Grenzen der Aufklärung, in: dies.: Dialektik der Aufklärung. Philosophische Fragmente, Frankfurt am Main 2002, S. 177-217, hier S. 182f.
37   Karl Marx: Das Kapital. Kritik der politischen Ökonomie, Bd. 1, in: MEW 1, Berlin 1970, S. 49-53.

„Vox populi, vox Dei"   59

Ware nur der Gebrauchswert, also ihre rein stoffliche Natur, im Geld nur die gesellschaftliche Vermittlung wahrgenommen. Die Ware erscheint als Ort des Konkreten, Fassbaren, das Geld hingegen als abstrakt und als einziger Vermittler kapitalistischer Mechanismen (Geld als ‚Wurzel allen Übels'). Doch da Geld abgekoppelt erscheint vom realen historischen Produktionsprozess, tritt es als abstraktes Wertgesetz auf, welches nicht mehr gesellschaftliche Beziehungen repräsentiert, sondern sich als überhistorisch und natürlich darstellt. „Die abstrakte Seite tritt in der Gestalt von ‚objektiven' Naturgesetzen auf, und die konkrete Seite erscheint als reine stoffliche Natur." Die kapitalistischen Verhältnisse erscheinen aufgespalten in Geld- und Warenfetisch.[38]

Fetisch und pathische Projektion in Hauffs Märchen

Die Aufspaltung in Geld- und Warenfetisch ist aber noch immer zu abstrakt, trägt also der Neigung zur Personalisierung und Vergegenständlichung unpersönlicher Beziehungen (s. o.) nicht Rechnung.[39] Der Fetisch muss personifiziert werden. Besonders deutlich wird dieser Mechanismus bei Hauff in den Figuren Glasmännlein und Holländer-Michel im „kalten Herz", die dort die „Mythologisierungen sozioökonomischer Mächte" darstellen. So entspricht in dieser Ideologie das Glasmännlein der „altdeutsche[n], frühkapitalistische[n] Bürgerbescheidenheit", der Holländer-Michel als „nationale Versinnbildlichung" dem zerstörerischen, zersetzenden „Großkapital[ ]".[40] Ist diese Projektion noch im Bereich des Mythischen angesiedelt, so kann man auch in diesem Märchen ähnliche antijüdische Klischees erkennen wie in „Abner, der Jude". So trägt der reichste Mann im Ort, dessen Reichtum auf den Holländer-Michel zurückzuführen ist, den ‚jüdischen' Namen Ezechiel aus dem Alten Testament, und er wird geschildert als „dicker, großer Mann, mit rotem Gesicht". Ihm und seinen beiden Kumpanen wird ein „Hauptfehler" zugeschrieben: „ihr unmenschlicher Geiz, ihre Gefühllosigkeit gegen Schuldner und Arme".[41]

Dass gerade ‚Juden' mit den ‚Schattenseiten' der bürgerlich-kapitalistischen Gesellschaft, mit dem Geldfetisch identifiziert wurden (und dass teilweise dies heute immer noch geschieht), liegt, wie schon dargelegt wurde, zum einen in der geschichtlichen Entwicklung begründet. Zum anderen wird durch den Fetischismus des „verkehrte[n] Bewußtsein[s]" dieser traditionelle Judenhass an den „zentralen ökonomischen Mechanismus" der bürgerlichen Gesellschaft gekop-

---

38 Moishe Postone: Nationalsozialismus und Antisemitismus (wie Anm. 35), S. 34-36.
39 Detlev Claussen: Vom Judenhaß zum Antisemitismus (wie Anm. 12), S. 30.
40 Egon Schwarz: Wilhelm Hauff: Der Zwerg Nase, Das kalte Herz und andere Erzählungen (1826/27), in: Romane und Erzählungen zwischen Romantik und Realismus, hrsg. v. Paul M. Lützeler, Stuttgart 1983, S. 121-123.
41 Wilhelm Hauffs Märchen (wie Anm. 3), S. 373f.

pelt.[42] Der Kapitalismus stellt sich als abstrakt, seiner konkreten Bestandteile entledigt, dar und erscheint so verantwortlich für Veränderungen verbunden mit rascher Industrialisierung. Juden werden mit dem Kapitalismus zur Personifikation der abstrakten Herrschaft des Kapitals gleichgesetzt, da das Kapital als „selbstverwertender Wert"[43] nicht fassbar ist. „Die Überwindung des Kapitalismus und seiner negativen Auswirkungen wurde mit der Überwindung der Juden gleichgesetzt."[44]

Das kommt auch darin zum Ausdruck, dass die sozialen Proteste in der ersten Hälfte des 19. Jahrhunderts sehr häufig mit antijüdischen Ausschreitungen einhergingen; so auch bei den so genannten Hep-Hep-Unruhen, bei denen insbesondere Handwerker und Bauern in pogromhaften Ausschreitungen gegen die gleichzeitig als Nutznießer und Drahtzieher betrachteten Juden vorgingen.[45]

Auf diese Weise konnten Aggressionen im Kapitalismus, die durch Entfremdungserfahrungen, Entindividualisierung und Konkurrenzdruck entstehen, abgebaut werden, ohne das gesamte System als Form bürgerlicher Herrschaft in Frage zu stellen und die Wut an die Herrschenden weiterzugeben. „Der Antisemitismus ist in der Tat eine Verdichtung der widersprüchlichsten Bestrebungen: eines Aufruhrs der Triebe gegen die Obrigkeit sowie einer gegen das eigene Selbst gerichteten grausamen Unterdrückung und Bestrafung dieses Aufruhrs."[46] In einem Akt der Externalisierung werden diese Affekte nach außen gerichtet und finden ihre Vergegenständlichung in Form einer „pathischen Projektion" – in ‚den Juden'.[47]

Dieser psychosoziale Prozess geht nicht nur mit der Zuschreibung von Charaktermerkmalen einher. Auch körperliche Merkmale werden projiziert. Eines der häufigsten ist das der langen, gekrümmten Nase, die auch im Nationalsozialismus als eines der entscheidenden Merkmale herhalten musste, um mit pseudowissenschaftlichen Methoden rassistische Selektion betreiben zu können. Die Nase steht als Symbol für alle niederen, animalischen Instinkte, die in der ‚zivilisierten', entindividualisierten Welt eine Triebunterdrückung erfahren. Sie steht für die „Vereinigung mit [der] umgebende[n] Natur" und das scheinbar Unzivi-

---

42 Detlev Claussen: Vom Judenhaß zum Antisemitismus (wie Anm. 12), S. 36f.
43 Karl Marx: Das Kapital. Kritik der politischen Ökonomie, Bd. 1 (wie Anm. 37), S. 329.
44 Moishe Postone: Nationalsozialismus und Antisemitismus (wie Anm. 35), S. 38.
45 Stefan Rohrbacher: Sozialer Protest und antijüdische Ausschreitungen im 19. Jahrhundert, in: Vorurteil und Völkermord. Entwicklungslinien des Antisemitismus, hrsg. v. Wolfgang Benz, Werner Bergmann, Freiburg im Breisgau 1997, S. 159-174, hier S. 169f.
46 Otto Fenichel: Elemente einer psychoanalytischen Theorie des Antisemitismus, in: ders.: Aufsätze, Bd. 2, hrsg. v. Klaus Laermann, Frankfurt am Main 1985, S. 373-389, hier S. 375-380.
47 Theodor W. Adorno, Max Horkheimer: Elemente des Antisemitismus (wie Anm. 36), S. 199-202.

lisierte.[48] Diese unbewussten Wünsche werden auf das als feindlich behauptete Gegenüber übertragen und in diesem bekämpft.[49]
Bei Hauff treten diese Merkmale auch im „Zwerg Nase" auf. Man kann sich die Frage stellen, ob er sich, obwohl die so stigmatisierten Personen nicht explizit als jüdisch bezeichnet werden, hier nicht eines wirkungsmächtigen Stereotyps bedient. So wird die auftretende böse Fee beschrieben als „ein altes Weib", das ein kleines, spitziges Gesicht [...] und eine spitzige, gebogene Nase, die gegen das Kinn hinabstrebte", hatte.[50] Ebenso wird der verwandelte Jakob geschildert („mißgestalte[r] Zwerg", dessen „Nase [...] ungeheuer [war] und [...] über Mund und Kinn herunter[hing]"[51]), dessen Zwergengestalt erst wieder verschwindet, als er in die bürgerliche Gesellschaft zurückkehrt und ihren Normen folgt.

In Hauffs Märchen lassen sich also antijüdische Stereotype finden, die sich an einigen Stellen mit frühantisemitischen vermischen. Diese resultieren aus seiner Betrachtung der bürgerlichen Gesellschaft, die sich als psychosoziale Konstruktion, die einhergeht mit Affektverschiebung, kenntlich machen lässt. In seinem Bestreben, es „allen oder nur vielen recht"[52] zu machen, bedient Hauff den „Geschmack der Zeit"[53], wobei er das „übliche Judenbild seiner Zeit"[54] reproduziert.

Happy End im biedermeierlichen Idyll

In Hauffs Märchen lässt sich das Dilemma der deutschen (Spät-)Romantik – und auch das des deutschen Bürgertums – aufzeigen. Zwar verspürte sie ein Unbehagen an der Entfremdung und Rationalisierung der sich entfaltenden Industriegesellschaft, doch durch die Enttäuschung über die als negativ wahrgenommenen Folgen der Französischen Revolution und die daraus resultierende Ablehnung sowie die folgende Restauration (und später durch das Scheitern der 48er Revolution) gelang es nicht, die Kritik als prinzipielle Kritik zu begreifen. Die Probleme einer enttäuschenden Wirklichkeit und der politischen Machtlosigkeit wurden in einem als außergesellschaftlich postulierten Bereich vermeintlich gelöst. Anfänglich war dies der Rückzug in die Natur, in den Urzustand, in eine

---

48   Ebd., S. 193-195.
49   Otto Fenichel: Elemente einer psychoanalytischen Theorie des Antisemitismus (wie Anm. 46), S. 140.
50   Wilhelm Hauffs Märchen (wie Anm. 3), S. 139.
51   Ebd., S. 152.
52   Wilhelm Hauff: Die Bücher und die Lesewelt (wie Anm. 6), S. 342.
53   Ebd., S. 344.
54   Rolf Düsterberg: Wilhelm Hauffs ‚opportunistische' Judenfeindschaft, in: Zeitschrift für deutsche Philologie, Bd. 119, Berlin 2000, S. 190-212, hier S. 211.

mittelalterliche, idealisierte Welt oder – in Form der Almanache – die Flucht in die entfernten, geheimnisvollen Welten des Orients.

Bei Hauff erfährt diese Regression nun eine Wendung hin zum biedermeierlichen Idyll, das als Idealzustand beschrieben wird. Die orientalische Welt wird entzaubert und als profanes Spiegelbild des „wunderlose[n] Alltag[s]"[55] in der realen Welt aufgezeigt. Postuliert wird nicht mehr die Flucht in ein poetisches Reich der Phantasie, in dem die Glücksversprechen der bürgerlichen Gesellschaft ‚eingelöst' werden, sondern die „Entsagung und Einordnung in das Bestehende". Durfte das Individuum zuvor noch von der Erfüllung seiner Wünsche träumen und in der Poesie miterleben, so soll nun diese Form der entzauberten Märchen „lehren, dass es eine Glücksforderung für sich überhaupt nicht stellen darf".[56]

Befreit von märchenhaften Elementen, bleibt in Hauffs Märchen zum Schluss nur das bürgerliche Idyll übrig. So auch am Ende von „Zwerg Nase", in dem sich die Hauptfigur von ihren Geschenken, die sie als Belohnung für die Errettung der Tochter des Zauberers bekommen hat, „einen Laden kauft[ ] und reich und glücklich"[57] wird, oder Peter Munk aus dem „Kalten Herz", der am Ende meint: „Es ist doch besser zufrieden zu sein mit wenigem, als Gold und Güter haben, und ein kaltes Herz."[58] In beiden Märchen erscheint das Ende als „geglückte Restauration" der bürgerlich-biedermeierlichen Harmonie.[59] Indem er die bürgerliche Kleinfamilie als „Ziel des Weges" darstellt, vollzieht Hauff die Affirmation der „bürgerlichen Familienideologie".[60]

Dabei versucht Hauff immer wieder, dieses Idyll mit dem Stilmittel der romantischen Ironie zu brechen. Doch nie gelingt es ihm ganz, denn er verharrt in einer reaktionären Kritik, indem er das biedermeierliche Idyll als Kontrapunkt zum entfremdeten gesellschaftlichen Sein postuliert und damit enthistorisiert, also von der historischen Wirklichkeit abkoppelt, und naturalisiert, also als quasi natürlichen Urzustand beschreibt. Dabei ist davon auszugehen, dass er dies beeinflusst von der gesellschaftlichen Mentalität seiner Zeit tut. Da Hauff als Autor vom Erfolg seiner Werke auf dem literarischen Markte abhing, war er gezwungen, „Konzessionen an den Publikumsgeschmack" zu machen, denn mit der Entwicklung hin auf die ‚moderne' Marktwirtschaft gingen auch gravierende

---

55 Volker Klotz: „Wilhelm Hauff", in: ders.: Das europäische Kunstmärchen. Fünfundzwanzig Kapitel von der Renaissance bis zur Moderne, Stuttgart 1985, S. 208-222, hier S. 222.
56 Herbert Marcuse: Über den affirmativen Charakter der Kultur, in: ders.: Kultur und Gesellschaft I, Frankfurt am Main 1965, S. 56-101, hier S. 93-97.
57 Wilhelm Hauffs Märchen (wie Anm. 3), S. 170.
58 Ebd., S. 500.
59 Egon Schwarz: Wilhelm Hauff (wie Anm. 40), S. 124.
60 Reiner Wild: Wer ist der Räuber Orbassam? Überlegungen zu Wilhelm Hauffs Märchen, in: Athenäum. Jahrbuch für Romantik, 4. Jg., Paderborn 1994, S. 349-364, hier S. 353.

"Vox populi, vox Dei" 63

Veränderungen in der Situation der Autoren einher, welche sich in der ‚Produktion' ihrer Bücher in zunehmenden Maße an kapitalistischen Kriterien orientieren mussten.[61]

Dieses Schwanken Hauffs zwischen Kritik und Affirmation der bestehenden Gesellschaftsordnung, „zwischen Vernunft und Vorurteil, Aufklärungswillen und Anpassung an den Publikumsgeschmack"[62] führte dazu, dass er zwar seine eigene Tätigkeit und seinen Opportunismus reflektierte und karikierte, aber dennoch keine Konsequenzen daraus zog, sondern dem Zeitgeist im größten Maße huldigte. Besonders deutlich wird diese Ambivalenz in seiner sarkastischen Auseinandersetzung mit der marktorientierten ‚Produktionsweise' literarischer Texte in „Die Bücher und die Lesewelt". Hier legt er gleich zu Beginn in bitterem Ton dar, warum er die gesellschaftlich hegemonialen Vorstellungen, Vorurteile und Stereotype aufnimmt und durch sein literarisches Schaffen weiterzuverbreiten hilft:

> „[...] doch schien mir das Größte und Notwendigste für einen, der ein Buch machen will, daß er die Menschen studiere, nicht um Menschenkenntnis zu sammeln, die lernt man jetzt in Büchern, sondern um den Leuten abzusehen, was etwa am meisten Beifall, oft und gern gelesen werde. Vox populi, vox Dei, dachte ich, gilt auch hier."[63]

---

61 Germaine Goetzinger: Die Situation der Autorinnen und Autoren im Vormärz, in: Sozialgeschichtliche Signatur 1815-1848, in: Zwischen Restauration und Revolution. 1815-1848, hrsg. v. Gert Sautermeister, Ulrich Schmid, München 1998 (= Hansers Sozialgeschichte der deutschen Literatur vom 16. Jahrhundert bis zur Gegenwart, Bd. 5), S. 38-59, hier S. 38-45.
62 Rolf Düsterberg: Wilhelm Hauffs ‚opportunistische' Judenfeindschaft (wie Anm. 54), S. 191.
63 Wilhelm Hauff: Die Bücher und die Lesewelt (wie Anm. 6), S. 339.

Wolfgang Beutin

Carl Gustav Jochmann: „Robespierre"

Carl Gustav Jochmann (1789-1830) ist in der deutschen Literatur einer der bedeutendsten Vormärz-Schriftsteller. Seine längeren Werke (Bücher) sowie die kürzeren (Untersuchungen als wissenschaftliche Abhandlungen und Essays) und kurzen (Aphorismen) sind ausschließlich kritisch-theoretischer Art.

Dem Publikum seiner Epoche – mit Ausnahme einer Handvoll von Freunden – blieb er gänzlich unbekannt, und unbekannt blieb er auch während der folgenden mehr als hundert Jahre, bis Werner Kraft und Walter Benjamin ihn förmlich ‚entdeckten' (1939). Seither ist sein hoher Rang als Autor den Literaturkennern kein Geheimnis mehr. Seine Verborgenheit bei Lebzeiten und darüber hinaus hatte eine besondere Ursache. Zwar veröffentlichte er mehrere Bücher, jedoch keines davon unter seinem Namen, sondern alle anonym, darunter dasjenige, das heute als sein Hauptwerk gilt: „Ueber die Sprache"[1]. Einen Großteil seines Werks ließ er von vornherein unveröffentlicht. Solche Vorsichtsmaßregeln zeugten durchaus nicht von übertriebener Ängstlichkeit, wollte der Verfasser, der in Pernau in Livland geboren worden und damit russischer Untertan war, Schwierigkeiten aus dem Wege gehen und keine Einschränkung seiner Freiheit und Bewegungsmöglichkeit im Europa des Vormärz riskieren. Vielmehr zeugen sie von einer gewiss angemessenen Selbstbeurteilung, einer kaum zu verwegenen Einschätzung seiner denkerischen Position wie schriftstellerischen Produktion. Ihnen beiden eigneten Merkmale, die leicht den Verdacht der Regierungen und ihrer Behörden auf ihn hätten lenken können. Man musste den Beauftragten der Fürsten sehr wohl zutrauen, dass sie herausfanden, was sich kaum verbergen ließ – Jochmann war „ein revolutionärer Denker."[2] Das manifestieren fast alle seine Texte, manchmal bereits im Titel. Wäre den Zensoren zum Beispiel ein Essay entgangen, der den damals verrufensten Namen im Reich neben oder vor Napoleon als Überschrift trug: „Robespierre"? Schon er würde den äußersten Argwohn erregt haben. Gleich vielen seiner Texte kam

---

[1] Zuerst Heidelberg 1828 (bei Winter). – Faksimiledruck nach der Originalausgabe: Göttingen 1968.

[2] Werner Kraft: Einleitung, in: Carl Gustav Jochmann: Die Rückschritte der Poesie und andere Schriften, hrsg. v. Werner Kraft, Frankfurt am Main 1967, S. 7-30, hier S. 26 (im Folgenden wird nach dieser Auswahlausgabe mit der Sigle J und der entsprechenden Seitenzahl zitiert). Der vollständige Wortlaut des Zitates von Werner Kraft ist: „In den Grenzen, die das Bürgertum erlaubte, blieb Jochmann ein revolutionärer Denker." Die Einschränkung, die Kraft vornahm, ist so zu verstehen, dass Jochmann nur bis an die Grenze der bürgerlichen Ideologie gehen konnte, aber natürlich nicht darüber hinaus.

aber auch der Robespierre gewidmete Essay erst aus dem Nachlass zum Vorschein.[3]

Dabei liegt hiermit keinerlei Propagandaschrift vor, nicht eine simple Sympathiewerbung, keine rigorose Polemik. Was Jochmann lieferte, ist ihrer aller Gegenteil, eine historische Untersuchung, die den damals vorhandenen besten wissenschaftlichen Maßstäben genügte. Der Verfasser zog eine beträchtliche Zahl von Dokumenten, Memoirenwerken und historischen Darstellungen heran,[4] bemühte sich, mit aller Umsicht zu differenzieren, behutsam abzuwägen, mit aller Strenge Thesen zu prüfen, sie zu akzeptieren oder abzuweisen und endlich zu einem eigenen, souveränen Urteil zu gelangen.

Er stellte sich die Aufgabe, das Rätsel um Robespierre zu lösen. Welches war dies? Aller Welt sei zwar bekannt, wie „der 31. Mai 1793 seine Alleinherrschaft gründete, und welche Alleinherrschaft". Hier bezieht Jochmann sich auf das Faktum, dass es im Höhepunktjahr der Französischen Revolution 1793/94 Robespierre war, der an der Spitze der Französischen Revolution stand.[5] Es sei jedoch ein ungelöstes Problem: Was machte Robespierres Alleinherrschaft aus? „Rätselhafter erscheint bei dem auffallenden Mißverhältnisse zwischen den Mitteln, die ihm zu Gebote standen, und dem Ziele, das er erreichte, die Beschaffenheit seines Einflusses. Von welcher Art war dieser eigentlich? [...] In

---

3 Carl Gustav Jochmann: Reliquien, gesammelt von Heinrich Zschokke, 3 Bde., Hechingen 1836-1838 (Der Robespierre-Aufsatz findet sich in Band 1.) – In der Forschungsliteratur wird seiner allenfalls ausnahmsweise gedacht. Soweit sie das Robespierre-Motiv in der deutschen Literaturgeschichte untersucht, ist sie meist auf eine Gattung oder allenfalls die dichterischen Gattungen beschränkt (wobei die Essayistik unberücksichtigt bleibt). Ein typisches Beispiel ist etwa: Gerhard P. Knapp: Robespierre. Prolegomena zu einer Stoffgeschichte der Französischen Revolution, in: Adam J. Bisanz, Raymond Trousson (Hrsg.): Elemente der Literatur. Beiträge zur Stoff-, Motiv- und Themenforschung (= Festschrift Elisabeth Frenzel), Stuttgart 1980, S. 129-154 (mit Beschränkung ausdrücklich auf „Bühnentexte des neunzehnten Jahrhunderts", S. 129).

4 U. a.: Etienne Bonnet (Essai sur l'art de faire les révolutions), Charles Elie Marquis de Ferrières (Mémoires), Toulongeon (Bd. 2 seiner Geschichte, darin: Pièces justificatives), Graf von Schlabrendorf, Edme Bonaventure Courtois (Bericht, 1795), Dominique Joseph Garat (Memoirenwerke), Bailleul (Examen; Über Frau von Staël), Konrad Engelbert Oelsner, Burke.

5 Er datiert sie vom 31. Mai 1793, also vom Beginn des Aufstands der Pariser Sansculotten gegen die Gironde (S. 86). Andere Autoren rechnen sie von Anfang Juni bis zu seinem und seiner Mitstreiter Sturz am 27. Juli 1794 (= 9. Thermidor). Vgl. z. B. Walter Grab: Die Leistungen der französischen Jakobiner im Entscheidungsjahr 1793/94, in: Wolfgang Beutin (Hrsg.): Hommage à Kant. Kants Schrift „Zum ewigen Frieden", Hamburg 1996, S. 37-56. Entscheidende Daten nach Walter Grab (S. 43-46): 2. Juni 1793 in Paris Demonstration von 80.000, die eine Auslieferung der führenden Girondisten fordern. Der Konvent beugt sich, 29 Abgeordnete der Girondisten werden unter Hausarrest gestellt. Am 3. Juni: Agrargesetzgebung, Übergabe von ca. 30 % des französischen Bodens an die Bauern. 24. Juni: Der Konvent beschließt eine neue Verfassung der Republik. 27. Juli: Robespierre tritt in den Wohlfahrtsausschuss ein.

Carl Gustav Jochmann: „Robespierre" 67

jedem Falle ist die Frage anziehend genug, um einen Versuch ihrer Beantwortung gelten zu lassen. // Wer war dieser geheimnisvolle Mensch, und wie beherrschte er seine Zeitgenossen?" (J 86f) Zwanzig Seiten später ist es immer noch das Rätsel des Erfolgs dieses Revolutionärs, das den historischen Forscher, Jochmann, beschäftigt. Er schreibt:

> „In keinem der gewöhnlichen Preise des menschlichen Ehrgeizes läßt sich Robespierres Ziel erkennen. Unauflösliche Widersprüche stellen sich jeder Voraussetzung der Art entgegen [...]. Je weniger aber das ideale Bild der menschlichen Gesellschaft, das Robespierre ins Leben einzuführen trachtete, den Neigungen und den Bedürfnissen seiner Zeit zusagte, desto rätselhafter ist der Erfolg, mit dem er so lange dahin strebte. Freilich vermochte er nicht die wirkliche Welt zu verdrängen, um seinem Ideale Raum zu gewinnen; aber er erschütterte sie doch auf das heftigste; und die Frage, wie ihm das möglich geworden, ist durch die Hinweisung auf seine riesenhafte Popularität nur beseitigt, nicht beantwortet; denn immer bleibt zu wissen übrig, wie ihm diese zu erwerben gelang." (J 105)

Jochmann geht davon aus, dass der Name und die Person Robespierres keiner Seite genehm seien, den Revolutionsgegnern ohnehin nicht, aber sogar auch nicht den Teilnehmern an der Revolution und den Verteidigern der Vorgänge: „Wenn die Feinde der französischen Revolution ihren Abscheu gegen diese Begebenheit mit *einem* Worte aussprechen und rechtfertigen wollen, so nennen sie Robespierre; und ihn nennen Teilnehmer und Verteidiger derselben, wollen sie das ganze Unglück bezeichnen [...]" – nur dass die letzteren, anders als die Feinde, die Ursache bei den Fürsten und ihren Hofschranzen suchten, dazu beim ausgewanderten Adel und den fremden Regierungen, die sich der Intervention schuldig machten.

> „Jede Partei stößt ihn mit Abscheu von sich und sucht ihn in die Reihen ihrer Gegner zu drängen; er aber steht in grauenvoller Einsamkeit unter den bewegten Massen der Revolution und gehört in der Tat keiner Partei an, obgleich ihn jede, so lange er mit unwiderstehlichem Schrecken über Ereignisse und Menschen gebot, vielleicht zu gewinnen, gewiß zu benutzen strebte. Und fremd, wie er den Absichten seiner Zeitgenossen blieb, war er ihren Vorstellungen und ihren Sitten. Ihm allein von allen Häuptern der Revolution glückte es, *sie zu lenken, ohne ihr anzugehören.*" (J 83)

Liegen die Dinge nun vielleicht nicht einfach so? Robespierre wäre ein Verbrecher von welthistorischem Maßstab gewesen, und ein jeder Mensch, wie damals so heute, begegnet ihm daher mit „Abscheu", ihn zurückstoßend, oder müsste, nach seinem Tode, die *Erinnerung* an ihn zurückstoßen, seinen Namen, sein Andenken. Und ließe sich dies Urteil wohl aus der Geschichte begründen? Ließe sich bestätigen, indem man die – ausschließlich negativen – Fakten zusammenstellte, die dann das verheerende, unbezweifelt wahre Bildnis Robespierres ausmachen? – Nein, so einfach liegen die Dinge in Wirklichkeit keineswegs, denn das Verfahren, belastendes Material über ihn zu sammeln, um zu einem einhellig verdammenden Spruch zu kommen, führt nicht zur Wahrheit, sondern zur

Legende, *ist* die Verfertigung der Robespierre-Legende. Deren Existenz nötigt einen jeden Forscher, der darangeht, die Wahrheit über den Revolutionär zu ermitteln, zunächst die Legende aufzulösen, und dies geschieht, indem er ihre einzelnen Züge widerlegt. So nimmt sich Jochmann etwa die Aussage eines Autors vor, Ferrières, der, ein entschiedener Gegner der Revolution, sich auf andere berief, „die besser unterrichtet waren", wonach Robespierre ein „Schurke" war, den „eine versteckte Ehrsucht" quälte. Jochmann kommentiert:

„... aber zu allen Zeiten galten dem Parteigeiste Schmähungen für die gründlichste Antwort, und nirgends findet sich die Anzeige der Quellen, aus welchen jene angeblich besser Unterrichteten ihre Überzeugung schöpften." (J 86)

In dieser Art mustert Jochmann noch weitere vorgeblichen Belastungsmomente: Zur Zeit, als sie ihn stürzten, bezichtigten ihn seine Gegner unter den Revolutionären, nach der Diktatur zu streben. Jochmann begegnete diesem Vorwurf mit drei Argumenten: Es sei bloß „ein Nachhall aus der Zeit seiner eigenen Herrschaft" gewesen, eine Bezichtigung also aus der Retrospektive; vielleicht auch mochte Robespierre in der Tat eine Diktatur beabsichtigt haben, jedenfalls aber „besaß er sie schon"; indessen war sie „gänzlich verschieden von derjenigen, die gewöhnliche Herrschsucht zum Ziele wählt. Sein Ansehen glich mehr dem des Stifters einer *Sekte* als eines *Parteihauptes*." (J 100) Zur selben Zeit verbreitete man in Paris sogar, Robespierre plane die Heirat mit einer Prinzessin, der Tochter Ludwigs XVI.; Jochmann hält es immerhin für denkbar, dass in Robespierres Phantasie „das Bild der vollendeten Wiedergeburt der Gesellschaft und eines allgemeinen Verbrüderungsfestes sehr wohl neben dem einer Verbindung des Propheten der neuen politischen Offenbarung mit der Erbin des letzten Oberhauptes der alten Ordnung bestehen konnte", betont aber, dass „sich doch nie mehr als eben nur die *Möglichkeit* einer solchen Absicht" (J 100) habe nachweisen lassen. Auch die Anklage, Robespierre sei in Wirklichkeit das Werkzeug der auswärtigen Mächte, namentlich der englischen Politik gewesen, weist Jochmann zurück; keine sei „unwahrscheinlicher als diese". (J 100f)

Als Kern der Diffamierung bestimmt Jochmann eine Deformation, die von den Zeitgenossen ausgegangen sei, die zu Robespierre niemals ein adäquates Verhältnis gewonnen hätten: die Entstellung der Mittel und Zwecke des Revolutionsführers, und dies „Mißverhältnis" der Zeitgenossen zu ihm sei von ganz Europa geteilt worden (wohl hin bis in Jochmanns Lebenszeit). Er schreibt:

„So wenig die Mittel dieses Mannes der Herrschaft, zu der er gelangte, angemessen erscheinen, so wenig entsprechen seine Zwecke den Meinungen und den Absichten seines Volkes. Er und seine Zeitgenossen verstanden sich nicht, und der Augenblick, in dem sie ihn *errieten*, war auch der seines *Sturzes*. Dann aber, als hätten sie ihres Aufstandes wie ihrer Unterwürfigkeit gegen ihn sich geschämt, entstellen sie beide in ihren Darstellungen, und Europa fuhr fort, ein Mißverständnis seiner Zeitgenossen zu teilen, das seinem Wirken alle Bedeutsamkeit, seiner Gestalt alle Eigentümlichkeit in der Geschichte nahm." (J 93)

Die historische Wahrheit über Robespierre zu ermitteln, würde demnach bedeuten müssen: „seinem Wirken alle Bedeutsamkeit, seiner Gestalt alle Eigentümlichkeit in der Geschichte" zurückzuerstatten.

Die Argumentation, kraft derer der Verfasser dies Vorhaben zu verwirklichen trachtete, erweist sich nun dem Blicke des Lesers als äußerst kompliziert und erfordert dessen größte Aufmerksamkeit. Jochmanns Robespierre-Essay wird daher mit vollem Recht in den Fundus solcher deutschsprachigen Texte einzureihen sein, die den höchsten Schwierigkeitsgrad aufweisen. Beim flüchtigeren Hinblicken scheint dem Autor die Entwicklung einer stringenten Argumentation missglückt zu sein. Statt ihrer entsteht leicht der Eindruck einer undurchschaubaren Verwirrung negativer und positiver Urteile. Könnte es aber nicht sein, dass er zwei unterschiedliche Argumentationslinien so miteinander verflicht, dass einmal eine Verkettung günstiger, Robespierre exkulpierender, ihn in gutem Licht zeigender Fakten dominiert, das andere Mal eine Serie ungünstiger, Robespierre belastender, ihn ins schlechteste Licht rückender Fakten die Oberhand behält? Und weil unstrittig mit jeder Wendung in der Gedankenführung auch die Emotionen des Lesers, die jede Rezeption des Essays begleiten, der Veränderung unterliegen, wäre dieser als Prototyp eines Textes zu bezeichnen, auf den die Redewendung vom „Wechselbad der Gefühle" zutrifft, welchem der Autor den Leser aussetzt. Allerdings lässt sich nirgends verkennen, dass Jochmann Wert darauf legt, nicht als Feind der Revolution zu gelten. So sagt er über die Französische Revolution:

„In dem Neuen, das diese schuf, wird eine unbefangene Nachwelt den Sieg der Revolution, aber darum nicht des Bösen, erkennen. Sie wird erkennen, dass die Revolution nicht *durch* die Greuel, sondern *ungeachtet* der Greuel, die sie verunstalteten, gesiegt hat, und sie wird die unterliegende Partei darum nicht für die bessere halten, weil sie die schwächere gewesen ist." (J 110)

Die Geschichte „wird auf jeder Seite die Verirrung, aber den *guten Glauben* nur auf einer, und wie immer der *Selbstsucht* gegenüber, erblicken." (J 110) Somit hütet sich Jochmann, die Revolutionen prinzipiell zu verurteilen; was er verurteilt, sind *in* der Revolution die Gräuel und Verirrungen – und die Gräuel und Verirrungen, ihre Vielzahl oder geringe Zahl oder auch ihr gänzliches Fehlen liefern dem Forscher einen nützlichen Maßstab, um die Revolutionen zu unterteilen: in die unreifen und die reifen, die mit Verbrechen belasteten oder unbelasteten. Die grundsätzliche Bejahung der Revolution müsste, so gesehen, auch die grundsätzliche Bejahung des Anteils von Robespierre daran einschließen, war es doch dieser, der sie im Höhepunktjahr 1793/94 lenkte. Und doch scheint es, als wolle Jochmann gerade ihn von der Bejahung der Revolution ausschließen, indem er ihn als eine ungeheuerliche Gestalt des Bösen für sich bewertet. Welche Erklärung gäbe es dafür? Arbeitet der Verfasser mit dem Paradoxon, dass zwar „der Sieg der Revolution" keinesfalls der Sieg „des Bösen" war, dass aber der Maßgebliche, der sie zum Sieg führte, seinerseits das Böse verkörperte?

Derselbe Lenker der Revolution, der ihren Sieg bewirkte, trüge dann die ganze Verantwortung auch für die „Verirrung", deren sie sich schuldig machte; wenn schon diese nicht dem Gesamtvorgang den Charakter des Bösen verlieh. – Ob Jochmann nun dieser Erklärung zuneigte, kann sich nur anhand einer Überprüfung der Gesamtheit seiner Darlegungen zeigen.

Es gibt keinen Zweifel: Jochmann wollte Robespierre als *Ungeheuer sui generis* erweisen, was er durch eine Anschuldigung einleuchtend zu machen gedachte, die seit je das Hauptbelastungsstück in der Kampagne gegen Robespierre und sein Wirken darstellte: Er sei der Urheber des Terrors und des Blutvergießens gewesen. Darauf kommt er immer wieder zurück: „das grenzenlose Blutvergießen", eine Anklage, von er angibt, sie sei vor allen übrigen Anklagepunkten „die allgemeinste" geworden:

> „Nicht Wenige, empört durch das grenzenlose Blutvergießen, das die Schreckenszeit bezeichnete, und verwirrt durch die Regellosigkeit, mit welcher der Mord unter allen Ständen und Parteien, unter jedem Geschlechte und Alter wütete, haben diese entsetzliche Erscheinung einem *rein tierischen Blutdurste* ihres Urhebers zugeschrieben. Alle Mitglieder der Aristokratie, die nie ein zu gräßliches Bild von ihren Gegnern entwerfen können; alle religiösen Gemüter, die in solchem heillosen Treiben die entfesselte Macht eines finstern, bösartigen Wesens ahnen – und die Stimmung, die dazu führt, ist in allen großen Krisen der Gesellschaft, nur in der Form verschieden, vorherrschend gewesen –; alle Zeitungs- und Geschichtschreiber, welchen die oberflächlichste Erklärung die zugänglichste war, haben dieser Meinung beigepflichtet. Sie ist die allgemeinste geworden, sie hat eine Seite, die sie auch den besser unterrichteten Beobachtern der Revolution berücksichtigenswert gemacht hat." (J 102f)

Jochmann bedauert, man sei „gezwungen, das Übermaß von Opfern zu beklagen" (J 111). Er übernimmt die Deutung Bailleuls, welcher „mit Recht" Robespierre „ein moralisches Ungeheuer" (J 112) genannt habe. So könnte der Leser, auf das Ende des Essays fixiert, zu guter Letzt den Eindruck zurückbehalten, von Robespierre sei überhaupt nur noch eines übrig: das abschreckende Beispiel, der finstere Schatten. Jochmanns Schlusspassus lautet demzufolge:

> „Könnte Robespierres Beispiel zur Lehre dienen, vielleicht würde einst die Nachwelt mit geringerm Abscheu auf diesen finstern Schatten in der Geschichte unserer Tage, auf dieses blutige Zeichen unserer Zeit zurücksehen; denn es gibt des Unheils, wie er es angerichtet, noch mehr zu verhüten, als durch ihn geschehen ist." (J 121)

Dann wäre von dem Revolutionsführer nur noch ein einziges übriges, das Schreck- und Warnbild, er selber kaum mehr als eine welthistorische Vogelscheuche.

Soweit die „allgemeinste" Belastung Robespierres. Dazu kommt ferner in Jochmanns Sicht eine Vielzahl von Vergehen, Fehlern und Borniertheiten Robespierres, die insgesamt in einer förmlichen Liste zusammengestellt werden können:

„Ihm fehlte jeder äußere Vorzug, der die Sinne besticht, und jedes Talent, das die Geister gewinnt. Er besaß keine der Tugenden, die die Herzen erobern, und keins der Laster, die den Eigennutz an den Dienst des Verbrechens ketten [...]."(J 87f)
Von der Natur habe er

„eine so zurückstoßende Hülle empfangen [...] Seine Beredsamkeit war so wenig geeignet, ihm Anhänger zu erwerben, als sein Äußeres,[6] [...] eine Gedankenarmut verratend, wie sie mehr aus der ausschließlichen Herrschaft gewisser fixer Ideen als eigentlichem Mangel an Kenntnissen hervorzugehen schien [...]." (J 87f)

Jochmann kommt abermals auf Robespierres Freiheit von Lastern zurück und inwiefern ihn eine solche von den Zeitgenossen, von der Menge entfernte, statt ihn den Menschen anzunähern: „Und dieser Fremdling unter den Sitten, den Talenten und den Gefühlen der Zeitgenossen teilte nicht einmal ihre Laster, die ihn den Faktionshäuptern als Genossen, der Menge als Herrn hätten empfehlen können." (J 90) Der „Herr" der Menge wäre ihr Führer gewesen, der Führer der Masse. Ein solcher, so legte es ein Jahrhundert später Sigmund Freud dar, verfüge unter seinen Eigenschaften über eine einzige überragende formelle: Er besitze alle Eigenschaften der Masse, jedoch in Vergröberung, Vergrößerung.[7] So kam es weder dazu, dass er sich einer Faktion (politischen Richtung in der Revolution) anzuschließen vermochte, noch gar dazu, dass er sich als Massenführer aufwarf. Weitere Vorwürfe waren: Es habe Robespierre an physischem Mut gefehlt; nicht an geistigem, dem Mut des Kopfes, sondern an Tapferkeit (vgl. J 92). Hingegen besaß er ungewöhnlichen Eigensinn, „nur an *seines* Willens Unfehlbarkeit glaubend" (J 93). In Robespierre habe „mit der festen Meinung von der Erhabenheit seiner Absichten und seiner Bestimmung sich ein ebenso entschiedener Mangel an Welt- und Menschenkenntnis" gepaart. So täuschten sich in ihm alle Faktionen der Revolution, „die schon seine Opfer wurden, während sie ihn noch für ihr Werkzeug hielten". (J 97)

Und die gegenteilige Argumentationslinie, die dem „moralischen Ungeheuer" nicht allein positive Seiten abgewinnt, sondern eben doch auch ahnen lässt, dass das Wirken keines anderen Revolutionärs in der Französischen Revolution so sehr wie dasjenige Robespierres den Grundstein legte, um den Sieg der Neuerung sicherzustellen: Auch diese – dem Revolutionsführer freundliche – Argumentationslinie steigt an, und wieder erreicht sie einen Gipfel in der Kommentierung des Terrors und des Blutvergießens. Sie besteht im Übrigen aus einer – abermals ausführlichen – Auflistung, diesmal der Vorzüge, bedeutenden Maßnahmen (in Auswahl), seiner Anschauungen und politischen Lehren.

---

6   Nach dieser Feststellung kann es nicht richtig sein, dass Jochmann später (S. 101) von dem „Demagogen" Robespierre spricht.
7   Vgl. Sigmund Freud: Massenpsychologie und Ich-Analyse, in: ders.: Gesammelte Werke, Band 13, Frankfurt am Main 1998, S. 71-161; hier: S. 145.

Zunächst der Gipfelpunkt der affirmativen Argumentation: die Zurückweisung falscher Ansichten über den Terror, die Akzentuierung seiner politischen Bedeutung. Jochmann erläutert:

> „Noch immer ist *die* Meinung die herrschende, die in der Schreckensregierung nur etwas Negatives sieht, die Auflösung aller Bande der bürgerlichen Gesellschaft, die Abwesenheit aller Gesetze, die Schrankenlosigkeit aller Begierden und aller Kräfte des Einzelnen." (J 93)

Dagegen setzte Jochmann seine Auffassung: „[...] nicht die Anarchie, nein, den Bürgerkrieg organisierte Robespierre, wenn man sich des Ausdrucks in einem solchen Zusammenhange bedienen darf" (J 93f). Jochmann verallgemeinert seine Auffassung:

> „Denn jede Staatsumwälzung ist, mehr oder weniger, ein heimlicher oder offener Bürgerkrieg, und wo nicht nur Verschiedenheit der Interessen, wo Trennung der Meinungen sie hervorbrachte – ein Vernichtungskampf."[8] (J 94)

Er bezieht sich ausdrücklich auf die Aufstände oder konterrevolutionären Machenschaften in der Vendée, in Lyon und Toulon, ja praktisch „in jedem Hause". Es könne keine Rede davon sein, dass „Unordnung" die Folge des Zustands gewesen wäre, den die Maßnahmen der Jakobiner herbeiführten.

> „Vielmehr glich derselbe auch darin einem Kriege, daß die Regierung, so lange er dauerte, mit einer Allgegenwart und Strenge vorwaltete, wie sie die vollkommenste militärische Disziplin kaum zu erreichen vermag. Der Schrecken vollendete nicht die Anarchie, die seit dem zehnten August[9] stattgefunden, er beendigte sie, indem er den Organen der Regierung[:] den Revolutionstribunalen und den Volksgesellschaften, eine unwiderstehliche Gewalt verlieh." (J 95)

Die Erkenntnisse der Forschung seit den Zeitgenossen erlauben es, Jochmanns Hinweis einen zweiten hinzuzusetzen: Robespierre organisierte, in Gemeinsamkeit mit seinen Mitstreitern, außer dem Bürgerkrieg *den Krieg* als Verteidigungskrieg an den Fronten der Revolution (im Nordosten und Osten Frankreichs) bis zum Sieg der Revolutionstruppen in der Mitte des Jahres 1794.

Ist aber der Schrecken keinesfalls „nur etwas Negatives", so fragt sich: inwiefern auch etwas Positives? Die Antwort liegt bereits in Jochmanns Darlegung: Er konsolidiert die Revolution, so dass sie sich imstande sieht, ihre Aufgaben zu erfüllen – die Stabilisierung ihrer inneren und äußeren Fronten, um

---

8 Heute müsste die Forschung davon ausgehen, dass die Revolution im Grunde durch die (materiellen) Interessen bewirkt wurde, wohingegen den „Meinungen" (den Ideen, den Lehren, den Ideologien) eine zwar unentbehrliche Funktion zugekommen sei, doch aber nicht die basale.

9 Am 10.8.1792: Bildung einer Aufständischen-Kommune durch die Pariser Sektionen, die der Legislative die Macht streitig macht. Erstürmung der Tuilerien, Absetzung und Gefangennahme des Königs, Bildung eines girondistischen Ministeriums, Danton Justizminister.

Carl Gustav Jochmann: „Robespierre" 73

sich hier wie dort siegreich durchzusetzen. Und so in allen erfolgreichen Revolutionen. Es dürfe also nicht „der Schrecken an sich als eine *Eigentümlichkeit* der französischen Revolution angesehen werden; er ist vielmehr in dieser oder andern Formen ein unvermeidliches Stadium gewisser Krankheiten der politischen Körper." Doch habe den französischen Vorgängen eine Besonderheit angehaftet: Sie seien von keinem anderen als Robespierre mit dem Stempel seiner Persönlichkeit versehen worden.

„Robespierres Persönlichkeit war es, die dem Schrecken in Frankreich ein nur ihm gehöriges Gepräge aufdrückte und die einen Kampf, zu dessen Bezeichnung in andern Zeiten die Benennungen Bürgerkrieg und Parteiwut hinreichten, der Welt zum erstenmal *als den Schrecken* selbst offenbarte." (J 95f)

Damit teilt er sich die Aufgabe zu, Robespierres Persönlichkeit zu analysieren und die Frage zu beantworten, wie es dieser gelingen konnte, die Französische Revolution in ihrer Entscheidungsphase in ihrem Sinne zu beeinflussen, mehr noch, weil „Gepräge" etwas Stärkeres meint als „Einfluss": wie es kam, dass sie gemäß den Charakterzügen dieses Einzelnen geformt wurde. War die Revolution verloren, wenn es nicht gelang, sie an allen Fronten zu stabilisieren, so musste die Stabilisation geleistet werden. Und die Jakobiner, an ihrer Spitze Robespierre, vollbrachten dies. Und vollbrachten sie dies unter Robespierres Leitung, eines Mannes, in dem nichts anderes gesehen werden sollte als ein „moralisches Ungeheuer", so musste eben ein „moralisches Ungeheuer" her, um den Sieg der Revolution sicherzustellen. Nur, wie konnte ausgerechnet das menschliche Wesen, das ein „moralisches Ungeheuer" zu sein hatte, gleichzeitig so bedeutende Vorzüge besitzen, so bedeutende Maßnahmen ergreifen, so in die Zukunft weisende Anschauungen und politische Lehren vertreten, wie Robespierre? Jochmann antwortet mit Zusammenstellung der Liste der Tugenden, die ihn auszeichneten. Er legt dar, dass Robespierre zwar durch den Schrecken *regierte*,

„aber er gelangte zur Regierung durch eine *andere* Kraft. Dieses Vertrauen, dieses blinde Hingeben des Volkes, er gewann es in größerm Maße als irgend ein anderer auf derselben Laufbahn: durch die größere, die innigere Wahrheit seines Strebens, so phantastisch, so unerreichbar auch dessen Ziel sein mochte." (J 106)

Nicht nur habe er stets „mit Ehrfurcht von dem Volke" gesprochen,

„in dem er den Vereinigungspunkt aller Tugend erblickte: sondern, daß er in demselben Geiste *handelte, lebte*; daß er aus Überzeugung in allen Schlechten, allen Ränkemachern, allen Heuchlern Feinde des Volkes sah und verfolgte – erwarb ihm seine Popularität und befestigte sie." (J 106f)

Was ihm seine Autorität verschaffte, war also ganz obenan seine moralische Integrität: „Das Geld hatte keine Macht über ihn. Den *Unbestechlichen* nannte ihn das Volk ..." (J 91) Er blieb „mäßig, arbeitsam, in seinen Sitten rein und ernst bis zur Strenge". (J 91) Während „die Heuchelei der bevorrechteten Klassen die

Religion, an die sie selbst nicht glaubten, den Bürgerkrieg anzufachen mißbrauchte" und „die Tollheit selbstsüchtiger Anarchisten sich das Dasein des Gewissens auszureden versuchte […], – hegte Robespierre religiöse Gefühle" (J 91f), ohne sich am Dogma der Kirche zu orientieren. Zur moralischen Integrität kam bei ihm, wie überhaupt bei den Revolutionsmännern, eine unüberbietbare Energie.[10] Mit alledem sah er selber sich als Prophet „der neuen politischen Offenbarung", der sich dem „Bild der vollendeten Wiedergeburt der Gesellschaft und eines allgemeinen Verbrüderungsfestes" (J 100) verpflichtet fühlte. Seit seinem ersten Auftreten in der Ständeversammlung 1789 als Dreißigjähriger kündigten seine Worte „den entschiedenen Republikanismus an, der bis zum letzten Augenblicke sein politisches Glaubensbekenntnis blieb". (J 85)[11] Mit einem Zitat von Bailleul belegte Jochmann den Kern der republikanischen Gesinnung Robespierres:

> „Aus einem einzigen Gesichtspunkt faßte er die Wiedergeburt der Gesellschaft auf. Gleichheit und Volksherrschaft waren ihm die Grundlagen des gesellschaftlichen Zustandes. Nicht eine unbedingte Gleichheit, denn er setzte Beamte und Ungleichheit der Glücksgüter voraus; aber auch nicht eine Gleichheit vor dem Gesetze nur, denn seine Beamten sollten dem Volke unterworfen sein, und jene unermeßlichen Reichtümer, die wir im Gefolge des Handels erblicken, duldete er nicht. Nun ist das Wesen der Demokratie, wie er sie beabsichtigte, *die Tugend*, die Tugend im strengsten Sinne des Wortes; und da er als Feinde dieser Tugend alle betrachtete, die in den Mißbräuchen einer fehlerhaften Staatsverfassung ihren Vorteil gefunden, alle selbstsüchtigen Reichen, alle sittenlosen Armen, alle Ehrgeizigen, alle Gegner des Volkes, und der Gleichheit: so lag es in dem Zwecke der Wiedergeburt der Gesellschaft oder der Revolution […], die Gesellschaft nicht allein von allen *Lastern*, sondern auch von allen *Individuen* zu reinigen, die das Beispiel derselben gaben. Unter dieser Voraussetzung schloß Robespierre mit rücksichtsloser Folgerichtigkeit: Das Wesen einer Volksregierung im Frieden ist die *Tugend*, das Wesen der Volksregierung im Revolutionszustande *Tugend* und *Schrecken*. […] Der Schrecken ist nichts als schnelle, strenge, unerbittliche Gerechtigkeit, eine notwendige Folge der Tugend selbst." (zitiert nach: J 96f)

Mit seiner republikanischen Gesinnung sah er selber sich als „Gesetzgeber und Lehrer der Völker". (Bailleul, zitiert nach J 97) Die „Anklageakten" des Revolutionstribunals drückten „den bittern *Ernst des Systems* aus, in dem Robespierre handelte" (J 98). Damit ist zugleich gesagt, dass kein Mensch, der unter der Guillotine starb, als Opfer etwa der Blutgier eines Perversen, eines Bluthunds fiel, und schon gar nicht starb ein Einziger als Opfer privaten Rachedursts von Robespierre:

---

10   Nach dem Wort Burkes, von Jochmann zitiert, vgl. J 107f.
11   Wobei der Ausdruck im Sinne Robespierres (wie etwa auch bei Kant) nicht dieselbe Bedeutung besaß wie in der Gegenwart, sondern etwa bedeutete: Volksherrschaft (Demokratie) ohne Privilegien und mit Rechtsstaatlichkeit.

„Von den zahllosen Schlachtopfern des Schreckens, die, und mit Recht, ihn als den Urheber ihrer Leiden verfluchten, kannte er die wenigsten, sah er kaum eins. Man darf nicht vergessen, daß Er es war, der in der konstituierenden Versammlung mit dem ausdauerndsten Eifer auf gänzliche *Abschaffung der Todesstrafe* drang." (J 104)

Es war auch kein anderer als Robespierre, der sich bemüht hatte, in einer früheren Phase der Revolution ein größeres Blutvergießen zu verhindern. So riet er nach der missglückten Flucht des Monarchen, „die Gelegenheit zu benutzen und eine *unblutigere* Entwickelung des Kampfes zwischen dem Volk und der Aristokratie herbeizuführen [...]." (J 104). Eine weitere Paradoxie in dem revolutionären Geschehen, dass es ausgerechnet demjenigen, der vor größerem Blutvergießen in Kampfhandlungen des Bürgerkriegs warnte und der sogar die generelle Beseitigung der Todesstrafe forderte, beschieden war, zum Todesengel so vieler im Entscheidungsjahr der Revolution 1793/94 zu werden?

Meine hier vorgelegten Ausführungen, ein Versuch, Jochmanns schwierigen Essay „Robespierre" neu zu lesen, sind ein Beitrag zur Wiener Ehrung anlässlich des 5. Jahrestags des Todes des bedeutenden Historikers Walter Grab (1919-2000). Hier möchte ich mir, ehe ich zum Schluss komme, aus den Forschungen Grabs zu zitieren erlauben, und zwar Passagen, die geeignet sind, das Bild Robespierres, die Robespierre-Legende, erheblich zu korrigieren. Grab analysierte die Ereignisse des Jahres 1793/94 mit vorbildlicher Objektivität und zeichnete sie *sine ira et studio* nach, indem er jegliches moralisierende Pathos beiseite ließ und den Vorwürfen und Schmähungen, womit man den Revolutionsführer seit je überschüttet hat, die Fakten entgegensetzte. Dann geht es zu wie in einem bekannten Märchen. Man wirft ein hässliches Monstrum gegen die Wand, und ein makelloser Prinz tritt vor die erstaunte Versammlung. Ähnlich wird aus dem „moralischen Ungeheuer", wenn man es mit den Augen des den Tatsachen zugewandten Historikers fixiert, ein überlegt handelnder Politiker, der zu seiner Zeit der Demokratie entscheidend Bahn brach.

In seinem Aufsatz „Die Leistungen der französischen Jakobiner im Entscheidungsjahr 1793/94" schrieb Grab:

> „Der Terror war also Ausdruck und Folge gesellschaftlicher Widersprüche, nämlich eine Konsequenz der militärischen Krise, der ökonomischen Zwangslage und des Drucks der hungernden und erbitterten Pariser Volksmassen. Den Jakobinern blieb nur die Wahl, entweder mit allen Errungenschaften der Revolution unterzugehen oder den Schrecken als Instrument der nationalen und revolutionären Verteidigung gegen Rebellion und Verrat zu benutzen, um den Sieg zu erringen. Der Terror übertrug den Regierungsausschüssen die Zwangsgewalt, die es ihnen ermöglichte, die Autorität des Staates wiederherzustellen. [...] Der Terror der Jakobinerdiktatur ist aber nicht nur aus ökonomischen und militärischen Ursachen erklärbar; er war auch Folge ihrer revolutionären Ideologie. Denn die politischen Hoffnungen der Jakobiner zielten ja auf die Ersetzung der aristokratischen Herrschaft durch Citoyens ab, die sich lediglich von den Prinzipien der ‚Tugend', also der allgemeinen Wohlfahrt,

leiten lassen sollten. Robespierre, Saint Just und ihre Freunde wollten die rousseauistische Theorie vom Allgemeinen Willen in Praxis umsetzen."[12]

In Grabs Aufsatz geht es also nicht um die nachträgliche moralische Rechtfertigung oder Verwerfung des Terrors, sondern um seine Beschreibung im Zusammenhang mit dem Komplex sämtlicher Vorgänge, die in dem aggregierten Begriff „Revolution" zusammengefasst werden. Und der Historiker rechtfertigt auch dann keineswegs den Terror, er billigt selbst dann kein einziges Bluturteil der Epoche, wenn er die Zahl aller Bluturteile berechnet und in Vergleich setzt zu Blutopfern anderer Art in derselben Zeit. Äußerungen wie diejenige C. G. Jochmanns sind ja sehr zweifelhaft, wenn es heißt: „Nicht Wenige, empört durch das grenzenlose Blutvergießen, das die Schreckenszeit bezeichnete ..." (J 102). Das verurteilende Adjektiv „grenzenlos" ist hier keine mathematische Angabe, sondern muss als Metapher erkannt werden, die sagen will: ‚sehr viele'. Grab schrieb:

> „Genaue Berechnungen haben ergeben, dass von der Errichtung des Revolutionstribunals im März 1793 bis zum August 1794, nach dem Sturz der Jakobinerherrschaft, in ganz Frankreich 16.594 Personen aus politischen Gründen zum Tode verurteilt und guillotiniert wurden. Dazu kommen noch etwa 20.000 Opfer, die durch Massenerschießungen, Massenertränkungen, Selbstmord, sowie durch Entbehrungen und Krankheiten in den Kerkern umkamen."[13]

Für die damalige Zeit zweifellos eine entsetzliche Zahl, eine unerhört hohe Zahl; den Zeitgenossen des 20. Jahrhunderts mag sie eher noch niedrig vorkommen, kennt er ja doch politische Morde in Höhe von zweistelligen Millionensummen. Auch war die Zahl der Revolutionsopfer in Frankreich selbst in der damaligen Epoche nicht ohne Vergleichsmöglichkeiten. Nur muss man den Vergleich wagen. In der Regel riskiert man ihn nicht, weil die Bluturteile der Revolution in allgemeiner Sicht als exorbitant verbrecherisch betrachtet werden, dagegen andere Ströme Bluts als sozusagen ‚normal'. Grab schrieb:

> „Es sei gestattet, diese Ziffer von knapp 40.000 Personen, die durch den revolutionären Terror ihr Leben verloren, mit dem Blutzoll zu vergleichen, den die Schlachten Napoleons kosteten. In der Schlacht bei Preußisch-Eylau, die während des 4. Koalitionskrieges am 8. Februar 1807 von französischen und russischen Streitkräften ausgefochten wurde und keine militärische Entscheidung brachte, verloren 40.000 Soldaten ihr Leben. Als der französische Marschall Davout nach der Schlacht dem Kaiser sein Entsetzen über die gewaltige Zahl der Opfer zum Ausdruck brachte, sagte Napoleon trocken: ‚Wozu die Aufregung? Diese Menschen werden in einer einzigen Nacht in Paris neu gemacht werden.' Der Kriegsterror, der *nur unschuldige* Soldaten traf, wird allgemein als normal und natürlich angesehen, während der revolutionäre

---

12 Walter Grab: Die Leistungen der französischen Jakobiner (wie Anm. 5), S. 49.
13 Ebd., S. 52.

Terror, dem zweifellos *zahlreiche Schuldige* zum Opfer fielen, als abscheuliche Untat verdammt wird."[14]

Auch Jochmann bestrebte sich, in seinem Robespierre-Aufsatz eine historische Herleitung des Terrors ausfindig zu machen. Einer der klügsten Köpfe seiner Epoche, des Vormärz, konnte er jedoch nicht über die Grenzen der vorhandenen Denkmöglichkeiten hinauskommen. Gemessen an heutiger Wissenschaftsmethodik lässt sich dies sehr wohl erkennen. Doch fragt es sich, ob man damit dem älteren Schriftsteller gerecht werde. Die Antwort lautet: Man wird ihm *nur damit* gerecht, dass man über ihn hinausgeht – denn Erkenntnisse (oder was dafür gehalten wurde) älterer Epochen sind nicht zu dem Zwecke aufgezeichnet worden, dass Spätere dabei ehrfürchtig stillstehen, sondern mit dem Dolus, nach Weiterentwicklung wissenschaftlicher Methodik und Eruierung neuer Fakten durch bessere Einsichten ersetzt zu werden. Jochmanns hauptsächliche Verfahrensweisen bei Deutung des Terrors sind:

1. Personalisierung; der Terror war das Werk im Wesentlichen einer einzigen Person, Robespierres, die dadurch zum „moralischen Ungeheuer" wurde.

2. Idealistische Auslegung (im Gegensatz zu einer materialistischen) I: Der Terror ging auf eine bestimmte Ideenwelt zurück, die sich im Kopf der einen Person gebildet hatte.

3. Idealistische Auslegung II: Die bestimmte Ideenwelt der einen Person ging auf eine andere Ideenwelt zurück, die aus älterer Zeit stammte, so dass die Ideenwelt im Kopf der einen Person die in diesen transplantierte Ideenwelt älterer Zeit war.

Jochmann hatte anfangs die Eigenart des Redners Robespierre analysiert und ihm eine „Gedankenarmut" attestiert, „wie sie mehr aus der ausschließlichen Herrschaft gewisser fixer Ideen [...] hervorzugehen schien". (J 88) An späterer Stelle präzisiert er diese seine Analyse. Der Ausgangspunkt ist nochmals Bailleuls Charakterisierung Robespierres als „moralisches Ungeheuer". Jochmann, der diese Bezeichnung aufnimmt, wähnt, damit der Erscheinung Robespierres auf den Grund zu kommen:

> „Dazu macht ihn die fixe, aber darum nichts weniger als helle Idee von einer Form der Gesellschaft, die er seinem Jahrhundert aufzudrängen versuchte, obgleich es in diesem weder Raum noch Zeit für sie gab; und die *Entstehungsart dieser widernatürlichen Richtung* seines Geistes, der letzte Gegenstand der Betrachtung, den seine Geschichte liefert, dürfte umso wichtiger sein, da die Quelle solcher Verirrungen noch nicht versiegt ist und die nämlichen Ursachen für ähnliche Gelegenheiten dieselben Erscheinungen hervorzubringen drohen." (J 112)

Er konstatierte in der Gedankenwelt Robespierres das Überwiegen der

> „Phantasie auf Kosten des Verstandes mit Traumbildern [...], die bloße Einbildungskraft aber entwickelt ein Halbgenie, den Fanatiker, der seine Zeit über das Ziel

---
14 Ebd.

hinaus oder durch tausend Umwege ihm entgegenreißen will, glücklich, wenn er nicht alles gänzlich verfehlt. So standen in den Stürmen der Revolution die Elemente, die zusammen einen großen Mann bilden, Verstand und Einbildungskraft, das erleuchtende und das erwärmende Prinzip, getrennt in Mirabeau, dessen Einsicht noch nie hinreichend geschätzt, dessen Einfluß noch immer überschätzt wurde, und in Robespierre, dessen Gewalt schrankenlos war [...]." (J 112)

Der Ausdruck „fixe Ideen" lässt zwar schon an einen Geisteskranken denken; der Ausdruck „Fanatismus" noch nicht gleich, obwohl er nahe legt, eine krankhafte Überbetonung von sonst keineswegs sofort krankhafter Gedankenwelt zu vermuten (Fanatismus ist also deutlich ein formeller Begriff; „fixe Ideen" analog, aber doch zugleich auf einen psychopathischen Inhalt deutend). Und so bleibt es in Jochmanns Urteil bei einer Zwischenstellung Robespierres im Geistigen zwischen Fanatismus – denn dieser Begriff fungierte im Zeitalter der Aufklärung als Gegensatzbegriff zu dieser – und Psychose: „Mit ungewissem Schritte eilte er auf der schmalen Grenzlinie hin, die den Fanatismus vom Wahnsinn trennt." (J 99) Und unter Abweisung aller anderen Annahmen über mögliche Motive Robespierres kommt Jochmann zu der Feststellung:

„Robespierren ist keine Begierde nachzuweisen als die, seinen politischen Grundsätzen Eingang und Herrschaft zu gewinnen, und der Fanatismus selbst, mit dem er diesen Zweck verfolgte, stumpfte ihn ab gegen alle anderen Eindrücke, die unsere Leidenschaften aufzuregen geschickt sind." (J 102)

Wollte man nun an dieser Stelle eine Auseinandersetzung Jochmanns mit Robespierres „politischen Grundsätzen", also seinem Republikanismus, erwarten, so sieht man sich getäuscht. Anstatt ihrer bekommt der Leser die mutmaßliche Herleitung solcher Grundsätze aus den Grundsätzen einer früheren Gedankenwelt und Zeit. Oder möchte man den Vergleich Robespierres mit Mirabeau als Fingerzeig würdigen? Stand nämlich Mirabeau in der Revolution (bzw. in einer Anfangsphase, die der Jakobinerdiktatur vorausging) mit seiner Person für das Prinzip der konstitutionellen Monarchie, dagegen Robespierre für die uneingeschränkte Volksherrschaft, so wäre eine gewisse Präponderanz des erstgenannten Prinzips im Essay Jochmanns vermutbar. Den Passus, worin Jochmann Robespierres Gedankenwelt aus einer zurückliegenden ableitet, beginnt er mit einer quasi anekdotischen Erzählung, die er bei Oelsner fand, wonach Robespierre, befragt, „welche Gesetze er den Franzosen geben würde, wenn es auf ihn ankäme", antwortete: „*Die Gesetze Lykurgs!*" Hiermit glaubt Jochmann jetzt die „widernatürliche Richtung" im Geiste Robespierre aufgedeckt zu haben:

„Vergleicht man mit dieser Äußerung seine Reden (besonders die zur Zeit seines wichtigen Einflusses gehaltenen und mit größerer Sorgfalt ausgearbeiteten), wie sie, voll Anspielungen auf die Bürgertugenden und die heldenmütige Freiheitsliebe der Alten, dem Plutarch ebenso viel von ihrem Stoffe zu danken haben als den Ereignissen der Revolution: so ist es klar, daß das Bestreben, eine längst entseelte Form der Gesellschaft wieder zu beleben, das Unternehmen, unser Geschlecht auf eine Bildungsstufe zurückzuführen, die es seit Jahrtausenden verlassen hat, eben jene widernatürliche Richtung des Geistes war, die den Robespierre zu einem moralischen Ungeheuer machte, zu einem umso bösartigern, je niedriger in der Tat die Bildungsstufe ist, zu der er seine Zeit zurückzuführen unternahm." (J 113)

Jochmann widmete hiernach den gesamten Schlussabschnitt seines Essays dem Verhältnis der Gedankenwelt Robespierres zur Antike. Er meinte allen Ernstes, dass es diesem tatsächlich um die Wiederbelebung antiker politischer Philosophie und Verfassungselemente gegangen sei, noch gröber: um die Auferstehung spartanischer Lebensform inmitten seiner Gegenwart, also im letzten Jahrzehnt des 18. Jahrhunderts, und er konnte nicht erkennen, dass sich in der Antikenbeziehung der Französischen Revolution ein grundlegend anderes Problem verbarg, das zwar zweifellos eine historische Auflösung erfahren konnte, jedoch nicht auf Basis idealistischer Grundannahmen, als eine Sache der verschiedenen Gedankenwelten, von denen die eine die Wiederbelebung einer anderen gewesen wäre, mit allen Folgen wie dem Terror, den Bluturteilen usw.

Jochmann stellte an den Beginn dieses Passus eine einschneidende Antike-Kritik:

„Athen in seiner blühendsten Epoche, und als es die glänzendsten Beispiele aller Bürgertugenden lieferte, zählte nicht mehr als zehntausend Bürger. Neben dem Volke Lykurgs stand ein Volk von Sklaven, das planmäßig unterdrückt und entwürdigt werden mußte, um jenes zu erheben; und der Boden der römischen Republik war mit Arbeitshäusern bedeckt, die mit nichts zu vergleichen sind als den Sklaven-Bagnios der heutigen Räuberstaaten, und die nicht selten der Menschenraub bevölkerte. Alle Tugend der alten Welt, die erste und roheste Form der Freiheit in der bürgerlichen Gesellschaft, war ein rauher, herzloser Civismus, die Größe und das Recht weniger Tausende auf Kosten unterdrückter Millionen, neben deren Sklaverei die neuere Leibeigenschaft einen beneidenswerten Zustand darstellt, und so weit von aller Humanität entfernt, daß sie erst auf ihrer glänzendsten Höhe erschien, wo sie die Menschlichkeit ihrem Bürgersinne zum Opfer gebracht hatte." (J 114)

„Civismus"[15] nennt Jochmann also eine „Humanität", die sich in erster Linie dadurch definieren lässt, dass sie „die Menschlichkeit ihrem Bürgersinne zum Opfer" bringt. Zwischen den Civismus der Antike und dem eigenen Verfassungsideal sieht er noch eine Zwischeninstanz eingeschoben: die Lehre Rousseaus. Ein solcher „Civismus" sei erstens „das Ideal aller Politiker, die den Menschen in der Gesellschaft einer höheren Entwickelung seiner Kräfte für unfähig halten"; zweitens aber auch „aller Schwärmer", die, ohne sich über ihre Bewunderung der Antike verstandesmäßige Rechenschaft ablegen zu können, solche Bewunderung „nur aus ihrer Einbildungskraft" hervorgehen lassen. Rousseau –

---

15 Von lat. „civis", dazu im Deutschen das Fremdwort „Civismus" (= ‚Bürger-, Gemeinsinn, Bürgertugend'), frz. „civisme" (= ‚Bürgersinn'); bei Jochmann hier: Staat mit Bürgerrecht für eine begrenzte Anzahl Auserwählter (= die Bürger), ohne Bürgerrecht für alle anderen, vor allem die Sklaven.

und nun setzt es eine philosophische Kritik der Grundgedanken des für das Zeitalter so wichtigen Autors – habe sehr genau erkannt, dass

> „*diese* Tugend mit der Humanität unverträglich sei; aber dem Mitgliede der Gesellschaft wußte er doch kein höheres Ziel zu stellen als den Civismus der alten Welt, und dem Menschen zu reiner Ausbildung seiner Humanität keinen Platz anzuweisen als den vereinzelten außerhalb der Gesellschaft, in einem eingebildeten Zustande der Natur". (J 114)

Entsprechend sei Robespierres „politisches Ideal, die Tugend, [...] jener *Civismus*" geblieben; doch sei seine Gedankenwelt durchaus keine einzigartige und zeichne gerade die „Bessern" aus, „die eine sorgfältige Erziehung genossen, ehe vielseitigere Bildung, wie sie aus Erfahrung und Nachdenken hervorgeht, Licht und Regel in das gärende Chaos einer glühenden Einbildungskraft gebracht hat" (J 115f). Man sieht, Jochmann lenkt hier zu einer Kritik an der europäischen Erziehungspraxis seiner Zeit hinüber, wobei er differenziert zwischen einer historisierenden klassisch-humanistischen Bildung sowie einer, die lieber auf Welterfahrung und autonomes Denken den Hauptakzent setzt. Er weiß natürlich: „Die Staaten Europas erhielten sich bisher mehr oder weniger von den Schätzen des Altertums"; doch hätten sie „das reiche Erbe [...] seltsam geteilt": hier an die Lehre und die Schule verwiesen, dort an das Leben und die Welt. Das Negative („was den Sturz der ältern Civilisation herbeiführte und bezeichnete") sei dem Leben und der Welt vererbt worden. „Die Beispiele und Lehren der blühenden Epochen des Altertums aber sind aus dem öffentlichen Leben zu einem unfruchtbaren Dasein in die *Schule* verwiesen." Dieser „Zwiespalt zwischen der Erziehung und dem öffentlichen Leben" habe oft schon „die Staaten erschüttert". Es wird deutlich: Jochmann wendet sich nunmehr den Revolutionen zu. Unter diesen indes erkennt er zwei verschiedene Gruppen. Eine erste unter den Völkern, für die dreierlei Bedingung galt: Sie hatten „das Gemüt" noch nicht aus dem öffentlichen Leben verbannt; bei ihnen war „die bürgerliche Freiheit noch nicht zu einem Exercitienthema der Schule" zusammengeschrumpft; sie kannten noch andere natürliche Vorzüge als die Einbildungskraft und andere Möglichkeiten der Neuordnung als die des Umsturzes der alten Ordnung. Hierher rechnet er den Freiheitskampf der Niederländer im 16. Jahrhundert, die englische Revolution, die spanische Cortes-Bewegung nach 1813 und die amerikanische Revolution („die reinste und verständigste, von der die Geschichte weiß"). (J 116-120) Auf der anderen Seite eine Gruppe von Revolutionen und Scharen von Revolutionären, die dadurch gekennzeichnet sind, dass in ihnen „Schwärmer", „gärende Gemüter", die Oberhand erlangten, denen phantastische Bilder älterer Zeiten und Zustände vor Augen schwebten. Jochmann schrieb:

> „Wenn Ernst und Sittenstrenge der politischen Schwärmerei der Jünglinge einen religiösen Anstrich geben, und von dem gewöhnlichen Frohsinne und der lebendigen Sinnlichkeit des jugendlichen Alters so seltsam entfernen, beweiset dies, daß nicht böser Wille im Dienste eigennütziger Absichten, sondern ein stärkerer, der edelste,

reinste Wille, nämlich in der Gewalt einer verirrten Einbildungskraft, ihnen Gefahr droht." (J 120)

Die Beispiele für diese Gruppe politischer Erscheinungen sind Frankreichs Revolution; und aus der englischen Geschichte die Gestalten eines Hambden[16] und Cromwell. Auch in Bezug auf Deutschland hegt Jochmann extreme Skepsis, indem er seinen Blick auf die Romantik richtet:

„Wird man z.b. in Deutschland dem erwachenden Nationalbewußtsein einen *Ruhepunkt* geben, wenn man ihm die historische Basis des *Mittelalters* unterschiebt? [...] Die Ritterfreuden des Mittelalters können doch nie *Volkssache* werden [...]." (J 120f)

Er kommt zu dem Schluss: Es würden

„die Überwinder der alten Welt vor der sinneverwirrenden Macht jenes Bildes der ersten Freiheit, das sie in Zwietracht und Bürgerkrieg treibt, nur Rettung finden, indem sie sich zu einer höhern Stufe der Civilisation emporschwingen." (J 121)

Hieraus endlich leitet er das Postulat ab, das als sein vornehmstes in dem Essay das letzte Wort bleibt: die Humanität müsse zur Politik gemacht werden. In seiner Argumentation liegt eine klare Klimax vor. Am niedrigsten steht die Politik seiner Gegenwart im Vormärz, mit der kläglichen Dominanz des Egoismus. Auf einer immerhin höheren Stufe der Civismus. Doch die höchste Stufe der Zivilisation erst würde die verwirklichte Humanität bilden:

„Den sie fälschlich Freiheit nennen, der *Civismus* der alten Zeit, bleibt ewig erhaben über dem Egoismus der unsrigen, und Eins nur steht noch höher als er – *Humanität!* Zur Religion hat sie das Christentum gemacht; aber erst wenn ihm gelungen sein wird, sie auch zur Politik zu machen, erst wenn die Gegenwart dies Höhere bietet, werden wir von dem Gespenste der Vorzeit nichts mehr zu fürchten haben." (J 102)

Es ist kein Geheimnis, dass die Auseinandersetzungen über die Politik der Epoche im 18. Jahrhundert von den Schriftstellern häufig als Auseinandersetzungen über die politischen Lehren, Verfassungen und Begebenheiten der Antike geführt wurden. So etwa ist in der deutschen Literatur ein bekanntes Beispiel der Aufsatz von Friedrich Schiller: „Die Gesetzgebung des Lykurgus und Solon".[17] Des Autors schärfste Kritik gilt hierin der Verfassung, die Lykurg dem Stadtstaat Sparta gab. Formell betrachtet, also ohne Rücksichtnahme auf den vorhandenen oder fehlenden Gehalt an Humanität, sei sie perfekt gewesen:

„Man muß also eingestehen, daß nichts Zweckmäßigers, nichts durchdachter sein kann als diese Staatsverfassung, daß sie in ihrer Art ein vollendetes Kunstwerk vor-

---

16 Recte: Hampden, John (ca. 1595-1643), englischer Oppositionspolitiker, auch militärisch energisch tätig vor der englischen Revolution und an ihrem Beginn (1642-43); bedeutend auch sein Sohn Richard (1631-1695), zur Zeit Williams III.
17 Friedrich Schiller: Sämtliche Werke, hrsg. v. Gerhard Fricke, Herbert G. Göpfert, Bd. 4, München 1980, S. 805-836.

stellt und, in ihrer ganzen Strenge befolgt, notwendig auf sich selbst hätte ruhen müssen."[18]

Jochmann gleich bezog sich Schiller unter anderem auf die Unterdrückung der Heloten, in denen die Menschheit auf eine wirklich empörende Weise verhöhnt worden sei. „Ein Staatsgesetz machte den Spartanern die Unmenschlichkeit gegen ihre Sklaven zur Pflicht; in diesen unglücklichen Schlachtopfern wurde die Menschheit beschimpft und mißhandelt."[19] Schillers Resümee:

> „Gegen seinen eignen Zweck gehalten, ist die Gesetzgebung des Lykurgus ein Meisterstück der Staats- und Menschenkunde. [...] Aber hält man den Zweck, welchen Lykurgus sich vorsetzte, gegen den Zweck der Menschheit, so muß eine tiefe Mißbilligung an die Stelle der Bewunderung treten, die uns der erste flüchtige Blick abgewonnen hat. Alles darf dem Besten des Staats zum Opfer gebracht werden, nur dasjenige nicht, dem der Staat selbst nur als ein Mittel dient. Der Staat selbst ist niemals Zweck, er ist nur wichtig als eine Bedingung, unter welcher der Zweck der Menschheit erfüllt werden kann, und dieser Zweck der Menschheit ist kein andrer, als Ausbildung aller Kräfte des Menschen, Fortschreitung."[20]

Die Revolution von 1789, die sich in ihrer Selbstcharakteristik und Propaganda als allgemeine des „Dritten Standes" gab, wobei ihre Protagonisten sie gern antik verkleideten, war in Wirklichkeit doch dominiert vom Interesse bloß einer Schicht innerhalb des Dritten Standes, der zum Teil bereits herausgebildeten und zum Teil sich gerade herausbildenden Großbourgeoisie. Das antike Pathos, wodurch dies Faktum kaschiert wurde, verrauchte schließlich. Wie Marx und Engels analysierten, blieb die Enttäuschung aufseiten der Massen, „deren wahres Lebensprinzip also mit dem Lebensprinzip der Revolution nicht zusammenfiel, deren reale Bedingungen der Emanzipation" von denen der Bourgeoisie „wesentlich verschieden sind". Marx und Engels erkannten, dass die Täuschung auch eine Selbsttäuschung der Revolutionäre um Robespierre war, sprachen sogar von „Tragik" und davon, dass sie zweierlei miteinander verwechselten:

> „das antike, realistisch-demokratische Gemeinwesen, welches auf der Grundlage des wirklichen Sklaventums ruhte, mit dem modernen spiritualistisch-demokratischen Repräsentativstaat, welcher auf dem emanzipierten Sklaventum, der bürgerlichen Gesellschaft beruht."

Auf der einen Seite mussten die Revolutionäre das Neue, das zur Herrschaft kam, anerkennen, „die moderne bürgerliche Gesellschaft, die Gesellschaft der Industrie, der allgemeinen Konkurrenz, der frei ihre Zwecke verfolgenden Privatinteressen, der Anarchie, der sich selbst entfremdeten natürlichen und geistigen Individualität", mussten sie all dies in Form der Menschenrechte sanktionieren; auf der anderen Seite annullierten sie „hinterher an einzelnen Individuen"

---

18 Ebd., S. 814.
19 Ebd., S. 816.
20 Ebd., S. 814f.

die Lebensäußerungen der bürgerlichen Gesellschaft vermöge der Guillotine, weil sie „zugleich den *politischen Kopf* dieser Gesellschaft in *antiker* Weise bilden wollten". Sie waren unfähig, schrieb Marx, im Prinzip des Staats, „also in der *jetzigen Einrichtung der Gesellschaft* [...] den Grund der *sozialen* Gebrechen zu suchen", da sie mit politischem Verstand herangingen, der „*innerhalb* der Schranken der Politik denkt". Die klassische „Periode des politischen Verstandes" sei eben die Französische Revolution. Damals erblickten deren „Heroen" „in den sozialen Mängeln die Quelle politischer Übelstände. So sieht *Robespierre* in der großen Armut und dem großen Reichtum nur ein Hindernis der *reinen Demokratie*. Er wünscht daher eine allgemeine *spartanische* Frugalität zu etablieren."[21]

Die rousseauistische Theorie vom Allgemeinen Willen, schrieb Walter Grab,

„bedeutete, daß jeder einzelne Staatsbürger auf seinen privaten Eigennutz verzichtete und nur das Interesse der Allgemeinheit im Auge hatte. Die jakobinischen Ideologen glaubten, daß nach Abschaffung der ständischen Privilegienordnung *jede* Unterdrückung aufgehoben und die Beziehungen zwischen den Individuen und zwischen den Staaten durch die Anwendung aufklärerischer Vernunftsprinzipien geregelt sein würden. Sie hegten die Illusion, daß es nur der Beseitigung der feudalbürokratischen Bevormundung und der Willkürherrschaft bedürfe, um eine freie, gerechte und harmonische Ordnung zu errichten, die den uralten Menschheitstraum verwirklichen und die Moral mit der Politik vereinigen werde.

Diese Illusionen waren kein Zufall, sondern entsprangen dem Klassencharakter der Französischen Revolution. Denn der siegreiche Kampf Frankreichs hatte ja nicht die Begründung eines sittlichen Staatswesens zur Folge, das sich lediglich von den erhabenen Prinzipien der Moral leiten ließ, sondern führte vielmehr dazu, das markt- und profitorientierte dynamische Leistungs- und Konkurrenzsystem an die Stelle der aus dem Mittelalter überlieferten statisch-agrarischen Bedarfdeckungswirtschaft zu setzen und alle feudalen Schranken des Kapitals aus dem Wege zu räumen. Obwohl Frankreich damit eine höhere Stufe der Gesellschaftsentwicklung erklomm, reduzierte sich die Verwirklichung der von den Jakobinern für *alle* Menschen erstrebten Freiheitsideale auf die ökonomische Selbstbestimmung und die politische Macht von *wenigen*, nämlich der bourgeoisen Eigentümer. [...] Die entstehende bürgerliche Ordnung, deren entscheidende Triebkraft das individualistische und egoistische Profitmotiv – und nicht das moralische Streben nach ‚Tugend' und harmonischer Entwicklung – war, ließ die Verwirklichung der demokratischen, egalitären Ideale nicht zu. Weshalb aber die Gesetze des Marktes und nicht die Gesetze der Moral zum wichtigsten Vehikel des von den Adelsvorrechten befreiten Frankreich wurden, blieb den französischen revolutionären Demokraten verborgen. Sie vermochten das

---

21 Die Ausführungen in diesem Absatz zitiert nach: Wolfgang Beutin: Die Französische Revolution und Napoleon Bonaparte in der Geschichtsschreibung von Karl Marx, Friedrich Engels und Franz Mehring, in: ders.: Die Revolution tritt in die Literatur. Beiträge zur Literatur- und Ideengeschichte von Thomas Müntzer bis Primo Levi, Frankfurt am Main etc. 1999 (= Bremer Beiträge zur Literatur- und Ideengeschichte, Band 28), S. 79-107; hier: S. 93 (an dieser Stelle auch die Nachweise der Zitate von Marx und Engels).

Ausbleiben der ersehnten gerechten Sozialordnung nicht materialistisch zu erklären, also nicht auf die objektiven und von ihrem Willen unabhängigen wirtschaftlichen Bedingungen zurückzuführen, sondern blieben subjektiven und moralischen Kategorien verhaftet. Sie neigten daher zur Personalisierung der Klassenkonflikte und schrieben die mangelnde Harmonie und Bruderliebe der Bosheit, der Unfähigkeit, dem Unverstand, dem Egoismus, der Habsucht oder dem Verrat einzelner politischer Gegner zu. In seiner Rede über die Grundsätze der politischen Moral suchte Robespierre die Notwendigkeit der physischen Vernichtung der Revolutionsfeinde zu begründen, indem er Tugend und Terror auf einen gemeinsamen Nenner brachte. Er proklamierte den ‚Despotismus der Freiheit gegen die Tyrannei' und rief aus: ‚Die Unterdrücker der Menschheit zu bestrafen, ist Wohlthat; ihnen zu verzeihen, ist Barbarei. Weh dem, der es wagt, das *Volk* mit Terror zu regieren; der Terror darf sich nur gegen die *Feinde des Volkes* richten! In Zeiten der Revolution sind Tugend und Terror zusammen der Kraftquell der Volksregierung. Ohne die Tugend ist der Terror verhängnisvoll, ohne den Terror ist die Tugend machtlos. Der Terror ist nichts anderes als die unmittelbare, strenge und unbeugsame Gerechtigkeit, er ist also eine Emanation der Tugend.'"[22]

Ähnlich den französischen Jakobinern argumentierte auch der Essayist Jochmann, der jedoch bestrebt war, die Gestalt und das politische Tun Robespierres bis auf den letzten Grund zu durchschauen, auf der Basis des Idealismus, das heißt einer Lehre, welche die letzten Triebkräfte des Handelns in den Personen und ihrer Gedankenwelt finden will. Diese Basis einmal akzeptiert, blieb ihm zur Erklärung des Terrors und Blutvergießens nur der Personalismus übrig: die Schuld wäre im Wesentlichen in der Person Robespierres zu suchen; und diese intensiv untersucht, mussten der Terror und das Blutvergießen einer geistigen Verirrung desselben Revolutionsführers zugeschrieben werden, die wiederum ihre Wirksamkeit aus der Erziehung und der in dieser propagierten antiken Geisteswelt bezogen hätte. In diesen Spekulationen Jochmanns machen sich die Grenzen seiner Gedankenwelt schmerzhaft bemerkbar. Es sind dies dieselben Grenzen, auf die Werner Kraft in seiner Aussage anspielte, als er definierte: „In den Grenzen, die das Bürgertum erlaubte, blieb Jochmann ein revolutionärer Denker."[23]

---

22 Walter Grab: Die Leistungen der französischen Jakobiner (wie Anm. 5), S. 49ff. (dort auch der Nachweis für das Robespierre-Zitat).
23 Werner Kraft: Einleitung (wie Anm. 2), S. 26.

Wolfgang Häusler

Wiener Demokraten zwischen bürgerlicher Revolution und sozialer Demokratie 1848[1]

Ein im Frühling 1849 geschriebener Brief von Karl Marx an den Wiener Demokraten und Publizisten Dr. Andreas Freiherrn von Stifft erreichte den Adressaten nicht, da er von der Polizei abgefangen wurde. Das Schreiben gipfelt in der Hoffnung auf eine neue revolutionäre Welle in Deutschland, Österreich und Europa in dem Satz: „Ich hoffe, wir werden uns beide in einem Convent noch neben einander finden."[2] Dieses Wort, das zugleich Marx' politische Wertung des Höhepunktes und der Krise der bürgerlichen Französischen Revolution konzentriert, bringt die Verbindung zwischen 1793 und 1848 auf den Punkt und ist der rote Faden, der zu 1871, 1917 und – gerade dies muss im Blick auf Fragmentierung, Deformation und Scheitern von Demokratie und Sozialismus im revolutionären Prozess gesagt werden – zu 1989 und den Problemen unserer Gegenwart hinführt.

„Von welcher Art der Emanzipation", um mit Marx zu fragen, „handelt es sich?" Es ging 1789, 1848 und weiterhin um die Emanzipation des Individuums, des Menschen als Bürger in einer Gesellschaft von Freien und Gleichberechtigten. Zur Durchsetzung dieses Gegenentwurfes zur Privilegienordnung des Ancien Régime, zur Gründung der modernen bürgerlichen Gesellschaft bedurfte es nicht allein des revolutionären Aktes des Sturzes der herrschenden Eliten und Strukturen. Die moderne Politik bedurfte langfristig des Zusammenschlusses der aus den traditionellen Bindungen herausgetretenen Individuen – in Clubs, Vereinen, Interessenverbänden, erneuerten Kirchen, Parteien, Körperschaften, nationalen Gemeinschaften und Staaten. Das westeuropäische Vorbild, das Demokratie und Nation verkoppelte, stand in der deutschen Freiheits- und Einheitsfrage und vor allem angesichts der Brückensituation der Habsburgermonarchie zwischen Mittel- und Osteuropa vor einer Herausforderung besonderer Art: Das

---

1 Dieser Aufsatz bildet die leicht überarbeitete Fassung eines Textes, der in Helmut Reinalter (Hrsg.): Politische Vereine, Gesellschaften und Parteien in Zentraleuropa 1815-1848/49, Frankfurt am Main u. a. 2005, erschienen ist.
2 Der Brief von Marx an Stifft wurde von der hannoverschen Polizei am 24. Mai 1849 bei dem Mitglied des Bundes der Kommunisten Johann Carl Balduin von Bruhn auf seiner Reise von Schleswig-Holstein nach Süddeutschland, wo er an der Reichsverfassungskampagne teilnehmen wollte, konfisziert. Siehe Gerhard Becker, Neue Dokumente von Karl Marx aus dem Jahre 1849. Die beschlagnahmten Papiere des Emissärs Karl Bruhn, in: Zeitschrift für Geschichtswissenschaft 22 (1974), S. 423-442. Zu Stifft siehe Wolfgang Häusler, Freiherr Andreas von Stifft d. J. (1819-1877). Leben und Werk eines Wiener Publizisten im Zeitalter der bürgerlich-demokratischen Revolution, in: Jahrbuch des Instituts für Deutsche Geschichte 15 (1986), S. 231-283.

als Mehrheitsprinzip definierte formale Verfahren der politischen Demokratie wurde hier mit der fundamentalen Forderung nach Gleichberechtigung der Sprachen und Volksstämme, der nationalen Kulturen in ihrer historischen Gemengelage, konfrontiert.

Hinter diesem vielschichtigen politischen, sozialen und nationalen Prozess stand das Interesse der Bourgeoisie als neuer zur Gestaltung der Weltwirtschaft angetretenen Klasse, als Motor dieser widerspruchsvollen Entwicklung. Mit der Entfesselung der kapitalistischen Ökonomie in der wissenschaftlich-technischen Revolution erhob sich, zunächst als Pauperismus und soziale Frage erlitten und erfahren, der Klassenantagonismus der industriellen Gesellschaft, der den Liberalismus mit Demokratie und Arbeiterbewegung, zugleich seinen eigenen Konsequenzen, seinem Spiegelbild und Widerpart in einem, konfrontierte. An diesem geschichtlichen Ort entstand der Begriff der modernen Demokratie, einer Demokratie, die mit der politischen zugleich und konsequent die soziale Emanzipation einfordern musste. Diese Spannung ist auch in der österreichischen, im Besonderen der Wiener großstädtischen Revolution von 1848 scharf ausgeprägt und reflektiert die Zeitverschiebung zwischen relativ verspäteter bürgerlich-liberaler Revolution, die mit dem anachronistischen Feudalsystem aufzuräumen hatte, und der avancierten, Zukunftsperspektiven antizipierenden, von ihren Protagonisten schon so genannten „sozialen Demokratie". Die nationalen Probleme und Konflikte profilierten diese Ungleichzeitigkeit noch schärfer, verschleierten und überlagerten jedoch zeitgenössisch wie in der Historiographie diese Kernfrage der bürgerlich-demokratischen Revolution.[3]

---

[3] Literaturhinweise zur Gesamtproblematik, auch auf die vielfach keineswegs obsolete ältere Literatur, bei Wolfgang Häusler: Von der Massenarmut zur Arbeiterbewegung. Demokratie und soziale Frage in der Wiener Revolution von 1848, Wien/München 1979. Ferner Helmut Reinalter: Bibliographie zur Geschichte der demokratischen Bewegung in Mitteleuropa 1770-1850 (Schriftenreihe der Innsbrucker Forschungsstelle „Demokratische Bewegungen in Mitteleuropa 1770 – 1850", Band 1), Frankfurt am Main u.a. 1990. An neuerer Literatur vgl. (in Auswahl): 1848 „das tolle Jahr". Chronologie einer Revolution. 241. Sonderausstellung des Historischen Museums der Stadt Wien, Wien 1990; Manfred Botzenhart: 1848/49. Europa im Umbruch, Paderborn u. a. 1998; Ernst Bruckmüller, Wolfgang Häusler (Hrsg.): 1848. Revolution in Österreich (Schriften des Instituts für Österreichkunde, Band 62), Wien 1999; Dieter Dowe (Hrsg.): Europa 1848. Revolution und Reform (Reihe Politik und Gesellschaftsgeschichte, Band 48), Bonn 1998; Sabine Freitag (Hrsg.): Die Achtundvierziger. Lebensbilder aus der deutschen Revolution 1848/49, München 1998; Lothar Gall (Hrsg.): 1848 – Aufbruch zur Freiheit. Eine Ausstellung des Deutschen Historischen Museums in der Schirn Kunsthalle Frankfurt zum 150. Jubiläum der Revolution von 1848/49, Berlin 1998; Irmtraud Götz von Olenhusen (Hrsg.), 1848-49 in Europa und der Mythos der Französischen Revolution, Göttingen 1998; Walter Grab: Die Revolution von 1848-49. Eine Dokumentation, Stuttgart 1998; Rudolf Jaworski, Robert Luft (Hrsg.): 1848/49. Revolutionen in Ostmitteleuropa. Vorträge der Tagung des Collegium Carolinum (Bad Wiesseer Tagungen des Collegium Carolinum, Band 18), München 1996; Pieter M.

Um diesen Zusammenhang von politischer und sozialer Demokratie, verkörpert in den ersten Ansätzen der Arbeiterbewegung und ihrer Organisation, geht es hier. Die Gegenrevolution war sich darüber im Klaren: Zu einer Zeit, da soeben der junge Kaiser Franz Joseph in Olmütz den Thron bestiegen hatte und da der Reichstag in Kremsier noch über eine Verfassung mit dem Vielvölkerreich adäquaten Grund- und Freiheitsrechten beriet, wurden am 6. Dezember 1848 durch das Innenministerium in einem „die sogenannten demokratischen Clubs und Arbeiterclubs, deren ebenso verbrecherisches als verderbliches Treiben überall Unruhe und Aufregung und in so mancher Art das beklagenswerteste Unheil gestiftet hat", aufgelöst und verboten.

In der Forschung ist die Organisations- und Strukturgeschichte des Wiener Demokratischen Vereins, in weiten Bereichen auch die Biographik der ihn tragenden Persönlichkeiten, immer noch ein Desiderat. Viele Zusammenhänge werden nie mehr erhellt werden können: Die Protokolle und Papiere wurden vor dem Zugriff der Konterrevolution, die hier den Hort eines staats- und gesellschaftsfeindlichen Terrorismus sah, vernichtet. Biographische Untersuchungen, Analysen der Presse und des Quellenmaterials der Demokratie und Demokraten verfolgenden Behörden sind zwar in manchen Bereichen geschehen, doch sind unsere Wissenslücken durchaus noch größer als das erforschte Terrain. Dies gilt auch für sämtliche Körperschaften der Revolution, ob Nationalgarde und Akademische Legion, Sicherheitsausschuss oder Reichstag.[4] Ein wichtiger Schritt

---

Judson: Wien brennt! Die Revolution 1848 und ihr liberales Erbe, Wien u.a. 1998; Dieter Langewiesche: Europa zwischen Restauration und Revolution 1815–1849 (Oldenbourg Grundriss der Geschichte, Band 13), München 2. Aufl. 1989; ders. (Hrsg.): Demokratiebewegung und Revolution 1847 bis 1849. Internationale Aspekte und europäische Verbindungen, Karlsruhe 1998; ders. (Hrsg.): Die Revolutionen von 1848 in der europäischen Geschichte. Ergebnisse und Nachwirkungen. Symposion in der Paulskirche 1998, München 2000; Hubert Lengauer (Hrsg.): Bewegung im Reich der Immobilität. Revolutionen in der Habsburgermonarchie 1848-1849. Literarisch-publizistische Auseinandersetzungen (Literaturgeschichte in Studien und Quellen, Band 5), Wien 2001; Emil Niederhauser: 1848. Sturm im Habsburgerreich, Wien 1990; Helmut Reinalter (Hrsg.): Demokratie und soziale Protestbewegungen in Mitteleuropa 1815–1848/49, Frankfurt/M. 1986; Sigurd Paul Scheichl, Emil Brix (Hrsg.): „Dürfen's denn das?" Die fortdauernde Frage zum Jahr 1848 (Reihe Civil Society der Österr. Forschungsgemeinschaft, Band 3), Wien 1999; Wolfram Siemann, Die deutsche Revolution von 1848/49, Frankfurt/M. 1985; Heiner Timermann (Hrsg.): 1848. Revolution in Europa. Verlauf, politische Programme, Folgen und Wirkungen (Dokumente und Schriften der Europäischen Akademie Otzenhausen, Band 87), Berlin 1999; Ralf Zerback: Robert Blum. Eine Biografie, Leipzig 2007.

4 Vgl. Gabriela Asmera: Der Reichstag 1848 in Wien und seine politischen Gruppierungen, Diss. Wien 1985; Julius Marx: Die Anfänge der Wiener akademischen Legion und ihr Offizierskorps 1848, in: Mitteilungen des Österr. Staatsarchivs 21 (1968), S. 165-213; Gernot Stimmer: Die Mythologisierung der Revolution von 1848 als Modell einer Studentenrevolution, in: Student und Hochschule im 19. Jahrhundert (Studien zum

zur Quellenerschließung ist mit der zügigen Herausgabe der Ministerratsprotokolle geschehen, denen wir wichtigste Aufschlüsse über die politischen Strukturen von Revolution und Gegenrevolution verdanken.[5]

So kann auch in dieser Skizze nur exemplarisch, keineswegs resümierend verfahren werden, wenn am Beispiel von drei Mitgliedern des Demokratischen Vereins, „Doktoren der Revolution" (Heinrich Heine) im Sinne der Vertreter einer oppositionellen Intelligenz und radikalen Alternative, das Verhältnis zwischen Demokratie und früher Arbeiterbewegung beleuchtet wird: Dr. Ernst von Violand,[6] geboren 1818, Freiherr Dr. Andreas von Stifft, geboren 1819, und Dr. Hermann Jellinek,[7] geboren 1823. – Ich muss den Vorwurf hinnehmen, hier nur von männlichen Demokraten zu sprechen, wohl wissend, dass der Wiener Demokratische Frauenverein auch im Rahmen der europäischen Frauenbewegung durchaus gleichwertig agierte – dieser Aspekt ist allerdings in den letzten Jahren, insbesondere durch die Arbeiten von Gabriella Hauch, erhellt worden.[8]

Wir haben zunächst zu fragen, woher und unter welchen Schwierigkeiten man im „europäischen China" unter den wachsamen Augen von Zensur und Polizei Anschauungen der Probleme und Krisenerscheinungen der sich rasch entwickelnden Industriegesellschaft und Kenntnisse der kritischen Theoriebildung erlangen konnte? Wie konnte sich publizistische und politische Praxis in der sich überstürzenden Wiener Revolution entfalten, und was konnte vom Denken

---

Wandel von Gesellschaft und Bildung im 19. Jh., Band. 12), Göttingen 1975, S. 243-302; ders.: Eliten in Österreich 1848-1970, 2 Bde., Wien 1997; Thomas Maisel: Alma Mater auf den Barrikaden. Die Universität Wien im Revolutionsjahr 1848, Wien 1998; Wolfgang Häusler: Vom Standrecht zum Rechtsstaat. Politik und Justiz in Österreich (1848-1867), in: Erika Weinzierl, Oliver Rathkolb u.a. (Hrsg.): Justiz und Zeitgeschichte. Symposionsbeiträge 1976-1993, Bd. 1, Wien 1995, S. 11-36.

5   Thomas Kletecka (Hrsg.): Die Protokolle des österreichischen Ministerrates 1848-1867, I. Abt.: Die Ministerien des Revolutionsjahres, 20. März 1848 - 21. November 1848, Wien 1997.

6   Wolfgang Häusler: Ernst Violand (1818-1875). Der Lebensweg eines österreichischen Demokraten, in: Jahrbuch des Instituts für Deutsche Geschichte 6 (1977), S. 181-213; ders.: Demokratie und Sozialismus um die Mitte des 19. Jahrhunderts. Am Beispiel des österreichischen Demokraten Ernst Violand, in: Die demokratische Bewegung in Mitteleuropa im ausgehenden 18. und frühen 19. Jh. Ein Tagungsbericht Berlin 1980, S. 404-420; ders. (Hrsg.): Ernst Violand: Die soziale Geschichte der Revolution in Österreich 1848, Wien 1984.

7   Wolfgang Häusler: Hermann Jellinek im Vormärz. Seine Entwicklung zum revolutionären Demokraten, in: Heinrich Fichtenau, Erich Zöllner (Hrsg.): Beiträge zur neueren Geschichte Österreichs, Wien u.a. 1974, S. 345-362; ders.: Hermann Jellinek (1823-1848). Ein Demokrat in der Wiener Revolution, in: Jahrbuch des Instituts für Deutsche Geschichte 5 (1975), S. 125-175; Klaus Kempter: Die Jellineks 1820-1955. Eine familienbiographische Studie zum deutschjüdischen Bildungsbürgertum (Schriften des Bundesarchivs, Band 2), Düsseldorf 1998.

8   Gabriella Hauch: Frau Biedermeier auf den Barrikaden. Frauenleben in der Wiener Revolution, Wien 1990.

und Wirken dieser Avantgarde trotz physischer Liquidierung, Vertreibung und Verfolgung weiterleben?

Ähnliche Herkunft, Bildungsmilieu und Laufbahn prägten das Leben von Stifft und Violand: Stifft, Enkel des geadelten, wegen seiner reaktionären Wissenschaftspolitik gefürchteten und berüchtigten Leibarztes des Kaisers Franz, Sohn eines Gutsbesitzers, der sich in der fortschrittlich-liberalen Fraktion der niederösterreichischen Stände im Vormärz hervortat, und Violand, dessen Vorfahren wegen Verdiensten im Handel und in der Staatsverwaltung nobilitiert worden waren, fanden sich als Juristen und Kollegen am Niederösterreichischen Landrecht, dem Sondergerichtshof des Adels. Der Fortbestand feudaler Privilegien trotz ABGB musste im Bewusstsein dieser jungen Männer mit den aufgeklärten Prinzipien des an der Universität in josephinischer Tradition gelehrten Naturrechts kollidieren. Auch die soziale Frage wurde im vormärzlichen Jusstudium erörtert, wenn etwa der Lehrer beider, Professor Joseph von Kudler, in seinem 1846 erschienenen Lehrbuch der Nationalökonomie die Systeme der französischen Sozialisten und Kommunisten als „Zeichen der Zeit" wertete, die auf „ein dringendes Bedürfnis, nämlich die Lage der arbeitenden Volksklassen gründlich zu verbessern", aufmerksam gemacht hätten. Im Juridisch-Politischen Leseverein, dem Sammelpunkt der kritischen Intelligenz, konnte man über den aktuellen Stand dieser Frage durchaus auf dem Laufenden bleiben.[9]

Es gab im Vormärz ein breites Spektrum liberaler Positionen zur sozialen Frage, die von Abwehrhaltung gegenüber dem Proletariat bis zu Sympathie reichte. An drei Beispielen sei diese Vielfalt angedeutet. Der Tiroler Jurist Johann A. (von) Perthaler, der spätere Verfasser des liberal-konstitutionellen Februarpatents (1861), reflektierte schon früh (1843) in der „Zeitschrift für österreichische Rechtsgelehrsamkeit und politische Gesetzeskunde" die Probleme der Industrialisierung, die ihm durchaus eine Perspektive zur „Emanzipation des Menschen" zu eröffnen schien. Die „industrielle Eroberung" der „neuen „Epoche" bringe aber auch eine „Zeit der materiellen Leiden". Zur Abhilfe empfahl er staatliche Eingriffe in die Arbeitsverhältnisse, „wodurch die Möglichkeit eines privatenmäßigen und das Blut der Arbeiterklasse ausbeutenden Industriebetriebes abgeschnitten wird. [...] Der Staat hat ein hohes Interesse, daß dem Anwachsen der antisozialen Elemente ein Damm gesetzt werde, das Interesse der Arbeiter wird dadurch unmittelbares des Staates." Reformen hätten nur von oben, von einer aufgeklärten Bürokratie zu kommen: „Es ist eine abenteuerliche Meinung, daß durch Teilnahme des Proletariats an der Staatsgewalt das soziale Übel gehoben werden könne." Für diesen josephinischen Liberalen mussten selbstständige Aktionen der Arbeiterschaft ein Gräuel sein; 1848 verglich er die

---

9 Vgl. Wilhelm Brauneder: Leseverein und Rechtskultur. Der Juridisch-Politische Leseverein zu Wien 1840 bis 1990, Wien 1992.

Arbeiterschaft „mit einer platzenden Pestbeule, einer Staatskrankheit, lebensgefährlich und schauderregend".[10]

Am Vorabend der schweren Unruhen im böhmischen Frühproletariat 1844 warnte der Programmatiker der reformständischen Bewegung, Victor von Andrian-Werburg, in seiner berühmten Denkschrift „Österreich und dessen Zukunft" (1843):

> „Wann hat es größeres materielles Elend gegeben, wann hat die Menschheit an tieferen, schreckhafteren Wunden geblutet, als eben jetzt? Tausende von Menschen sind inmitten einer reichen, einer stets wachsenden Zivilisation verwaist, vergessen und einem namenlosen Elende preisgegeben, wissen von einem Tage zum andern nicht, wo sie ihr Haupt hinlegen, wo sie das ärmliche Stück Brot finden werden, das ihr jammervolles Leben fristen soll – und durch diese habe- und heimatlosen Proletarier, deren Anzahl mit jedem Tage wächst, bereitet sich rasch und drohend eine Umwälzung vor, von deren Umfang und Folgen wir wohl nicht einmal eine Ahnung haben – und alles dies, während die materiellen Interessen gepriesen, vergöttert, auf Altäre gestellt werden."[11]

Der Jurist Karl Beidtel – seine Büste als Professor steht in der Eingangshalle der Innsbrucker Universität – formulierte als zorniger junger Mann die schärfste Anklage gegen den Industriekapitalismus. Während er im Vormärz die aufgezeigten Missstände noch mit einer Rückkehr zur gebundenen Wirtschaft, ja zum Zunftwesen bekämpfen wollte, klingt bei dem Abgeordneten zur Frankfurter Paulskirche ein Revolutionsappell von bisher nicht gehörter Eindringlichkeit auf:

> „Ein Fabrikherr – tausend Bettler. Ein Reicher – tausend Arme. [...] Die ihr nichts habt und nichts seid, die ihr nicht wißt, von wannen ihr gekommen und wohin ihr geht, die ihr kein Auge habt, das über euch wacht, steht auf wie ein Mann, oder ihr seid verloren. [...] Der Mensch, dessen Existenz in Frage ist, hat nichts zu verlieren. [...] Er hat das Recht des Krieges gegen die Gesellschaft. Aber die Gesellschaft erkennt dieses Recht nicht an. Sie übt eine ungeheure Tyrannei gegen ihn, indem sie mit Stock und Kerker, Rad und Galgen ihn zwingt, nach den schmachvollsten Demütigungen unterzugehen. Die Gesetze sind die Feinde der Arbeiter."[12]

Diese von Söhnen aus gutem Haus geübte Kritik an Staat und Gesellschaft radikalisierte sich bei jenen Intellektuellen, die sich mit der Hegel'schen Philosophie, die an österreichischen Universitäten nicht vertreten war, auseinandersetzten. Diesen Schritt tat Hermann Jellinek aus der Judengasse des mährischen

---

10 Zitiert nach: Wolfgang Häusler: Von der Massenarmut zur Arbeiterbewegung. Demokratie und soziale Frage in der Wiener Revolution von 1848, Wien/München 1979, S. 107f.

11 [Victor von Andrian-Werburg:] Österreich und dessen Zukunft, Bd. 1, Hamburg 1843, S. 30. Vgl. zuletzt Madeleine Rietra (Hrsg.): Wirkungsgeschichte als Kulturgeschichte. Viktor von Andrian-Werburgs Rezeption im Vormärz (Amsterdamer Publikationen zur Sprache und Literatur, Band 143), Amsterdam 2001.

12 [Karl Beidtel:] Das Eigenthum, Stuttgart 1948, S. 3f.

Ungarisch-Brod, aus dessen Familie sein Bruder Adolf als Wiener Oberrabbiner, ferner sein Neffe Emil, der Namengeber des Automobils Mercedes, und bedeutende Rechtsgelehrte hervorgingen. Aus der Stellung des Außenseiters im dialektischen Diskurs der Hegelschule stieß Jellinek in seinen Leipziger Studienjahren zu Einsichten vor, die, um die menschliche Emanzipation kreisend, demokratische und sozialistische Positionen begründeten. In der Diskussion der Emanzipationsproblematik kritisierte Jellinek die Schwäche der Argumentation Bruno Bauers in der „Judenfrage": „Bruno Bauer hat die spezifische Seite der Judenfrage gar nicht gefaßt, geschweige denn, daß er ihr eine neue Wendung gegeben hätte." („Die Täuschungen der aufgeklärten Juden und ihre Fähigkeit zur Emanzipation", 1847) So kann die politische Emanzipation, das Kind der Aufklärungsepoche, keine Lösung des Problems bieten. In der Sphäre des Konfessionellen ist diese Frage nicht zu beantworten. Es gilt vielmehr, falsche gesellschaftliche Zustände, deren Spiegelung im Bewusstsein die Religion erzeugt, zu verändern: „Die Kritik der Judenfrage ist eine Kritik der Politik, das heißt die Kritik derjenigen gesellschaftlichen Form, in der es dem Menschen notwendig wird, sich mit seinen religiösen Anschauungen pfiffig abzufinden." Unverkennbar bewegt Jellinek sich auf den Bahnen der Marx'schen Religionskritik. Dem Menschen als Individuum ist es nicht möglich, sich frei für oder gegen die Religion zu entscheiden, wie Bauer meint, aber auch der Ausgangspunkt des Feuerbach'schen Materialismus ist aus dieser Perspektive gesehen falsch. Der kritischen Reflexion kann es nicht um das abstrakte Verhältnis von Mensch und Gottheit gehen, die Religion muss vielmehr als historisch-gesellschaftliches Phänomen konkret begriffen werden: „Ludwig Feuerbach ist der letzte, der es unternommen hat, die Menschen über das wirkliche Wesen der Religion nicht zu enttäuschen, sondern zu täuschen."

Jellinek begründete seine Kritik an Bauer und Feuerbach und seinen Schritt zu einem revolutionären Geschichtsverständnis in zwei weiteren Schriften („Die religiösen, sozialen und literarischen Zustände der Gegenwart, oder: Kritik der Religion der Liebe", 1847; „Einleitung über die Bedeutung der letzten zwölf Jahre in Deutschland", 1847). In den Grenzen der abstrakten Anthropologie Feuerbachs ist die notwendig gewordene Erkenntnis geschichtlicher Entwicklung nicht möglich; die Erforschung der gesellschaftlichen Realität muss von der historischen Kategorie der „Arbeit" ausgehen, um gültige Aussagen über das Verhältnis von Sein und Denken möglich zu machen:

„Nur die Natur ist der Grund und Boden aller menschlichen Interessen. Der Mensch bearbeitet die Natur, die reale Kritik untersucht die Arbeit. Die Arbeit und menschliche Anstrengung ist aber nicht in jeder Epoche dieselbe, der Unterschied der Arbeit ist vielmehr ein bedeutender, und nur durch die reale Kritik [...] werden die Epochen in ihren wesentlichen, nicht logischen, sondern realen Unterschieden erkannt werden."[13]

Nicht in der schroffen Antithese von „Masse" und „Kritik", wie sie die Junghegelianer postulierten, sondern aus einem aus der Einsicht gesellschaftlicher Notwendigkeit entsprungenen revolutionären Denken kann die Philosophie praktisch werden: „Die Bedeutung der Entwicklung der letzten zwölf Jahre besteht darin, daß durch ihre Arbeiten eine Erforschung des bisherigen Inhalts der menschlichen Arbeit erst möglich wird, eine Forschung, die einen Willen zu erzeugen und leidenschaftliche Menschen zu schaffen vermag." Mit seinem Konzept der „realen Kritik", einem im Sozialen verankerten Menschenbild, hatte Jellinek in Parallele zu Marx und Moses Hess die Schwelle vom radikalen Demokratismus zum Sozialismus überschritten.

Mit diesem theoretischen Rüstzeug trat Jellinek in die Wiener Märzrevolution, deren Widersprüche er am schärfsten – wie hier im „Kritischen Sprechsaal" – zu analysieren vermochte: „Die Märzrevolution hat das Volk gemacht, der ‚Pöbel', auf den die Bourgeoisie so stolz herabblickt, das ‚Gesindel', welches der hohe Adel für Bestien erklärte. Die Märzrevolution war das große Werk der Volksmassen". Kein anderer Demokrat hat den Widerspruch zwischen den bejubelten liberalen „Märzerrungenschaften" und der blutigen Niederwerfung des Sozialprotests des Frühproletariats und der Deklassierten der Wiener Vorstädte und Fabriksvororte so scharf und so früh erkannt und bezeichnet.

Schon die ersten Gründungen demokratischer Organisationen waren mit diesem fundamentalen Widerspruch der großstädtischen Revolution konfrontiert. Die „Gesellschaft der Volksfreunde" vom 20. März, der Anfang April der „Deutsche Adler" folgte (mit Dr. Sigmund Engländer[14] als leitendem Kopf, dem Freund Friedrich Hebbels), stand ebenso vor dieser Frage wie die demokratische Presse, die etwa mit Leopold Häfners „Constitution" seit der ersten Nummer vom 20. März die Parole „Freiheit und Arbeit" ausgab und dem Gründer des Wiener Allgemeinen Arbeitervereins (24. Juni), dem „Gesellen" - „Arbeiter" Friedrich Sander aus der deutschen Arbeiterverbrüderung, die erste Plattform bot.

Politische und soziale Aspekte verknüpften sich im April in der Aufsehen erregenden Agitation von Dr. Anton Schütte aus Westfalen, der gegen den Wahlzensus und gegen die hohen Wohnungszinse die Protestform der Massenkundgebung vorschlug und solcherart demokratische und soziale Programmatik verband (man denke etwa auch an die Bedeutung der Zinsfrage für die Pariser

---

13 Hermann Jellinek: Die religiösen, sozialen und literarischen Zustände der Gegenwart. Erster Teil: Die religiösen Zustände, oder: Kritik der Religion der Liebe. Zerbst 1847, S. XXVII.

14 Wolfgang Häusler: Sigmund Engländer – Kritiker des Vormärz, Satiriker der Wiener Revolution und Freund Friedrich Hebbels, in: Juden im Vormärz und in der Revolution von 1848 (Studien zur Geistesgeschichte, Band 3), Stuttgart-Bonn 1983, S. 83-137.

Commune).¹⁵ Wenngleich Schütte selbst aus Wien ausgewiesen wurde, wurde hier das Zusammenwirken von politisiertem Kleinbürgertum, Arbeiterschaft und demokratischer Intelligenz initiiert, das den beschränkten Konstitutionalismus der oktroyierten Aprilverfassung Pillersdorffs enthüllte und in der Sturmpetition und den Barrikadentagen des Mai zum Programm der Demokratie und des Parlamentarismus vorstieß.

Ein kritischer Beobachter dieser Entwicklung war Heinrich Laube, der vom verfolgten schwarz-rot-goldenen Oppositionellen des Vormärz zum erfolgreichen Theatermann und Burgtheaterdirektor (1849-1867) avancierte. Die führenden Demokraten, die er in Wien kennenlernte, hat er zumeist als realitätsferne „Ausländer" charakterisiert. Der „fremde Politikus" Schütte und Jellineks „unreifes, norddeutsches Verstandeszeug" waren ihm ebenso zuwider wie der Kritiker und Musiker Dr. Alfred Julius Becher, der dann am 23. November 1848 als Herausgeber des „Radikalen" an Jellineks Seite hingerichtet werden sollte –

> „eine knochenschlottrige Figur, mit lauter unösterreichischen Ecken [...]. Ein gefährliches und gefährdetes Paar. Keiner von beiden kannte Österreich, keiner gehörte nach Österreich [...]."¹⁶

Und Laube warnte in seinem Buch vor der Identität von Demokratie und Sozialismus, die sich hier abzeichnete:

> „Man kann und wird sagen, es sei ja nicht der Sozialismus oder gar Kommunismus gewesen, welcher Deutschland im Sommer 1848 so konvulsivisch bewegt habe, sondern nur der Demokratismus, höchstens der Republikanismus. Aber man täuscht sich mit dieser Unterscheidung. Allerdings war Demokratie das Schlagwort, was verstand man denn aber darunter, was versteht man darunter? Alles das, was die natürlichen Unterschiede unter den Menschen nicht nur ausgleicht, nein, was sie aufhebt. Durch diesen wüsten Grundgedanken war mit dem Worte Demokratie eben so viel entfesselt wie mit dem Worte Sozialismus."¹⁷

Diese Differenz zwischen Liberalismus und Demokratie hatte schon Eduard Bauernfeld in den Märztagen bemerkt, als aus seiner Sicht die „auf dem politisch jungfräulichen Wiener Boden bisher noch nicht vernommenen Ideen der Sozialdemokratie [...] auf eine wild aufgeregte und ungebildete Masse"¹⁸ trafen.

Aus der zweiten revolutionären Welle Wiens im Mai datiert die Reorganisation des Demokratischen Vereins, zunächst als „Neuer Verein der Volksfreunde" durch Dr. Karl Tausenau, ebenso wie die Differenzierung und Profilierung

---

15 Rudolf Zewell: Anton Schütte (1817-1867). Ein Demokrat in der Wiener Revolution von 1848, in: Jahrbuch des Instituts für Deutsche Geschichte 9 (1980), S. 187-217; ders.: Anton Schütte (1817-1867). Die Schicksale eines demokratischen Agitators in der Reaktionsperiode. Ein Beitrag zur inneren und äußeren Emigration nach 1848, in: Jahrbuch des Instituts für Deutsche Geschichte 11 (1982), S. 127-149.
16 Heinrich Laube: Das erste deutsche Parlament. Erster Band, Leipzig 1848, S. 155.
17 Ebd., S. 187.
18 Eduard Bauernfeld: Aus Alt- und Neu-Wien, Wien 1923, S. 215.

der demokratischen Presse und die Organisation politischer Körperschaften. Stifft und Jellinek wählten die Publizistik, ausgehend vom „Kritischen Sprechsaal" über die „Allgemeine Österreichische Zeitung" Ernst von Schwarzers und nach der Abkehr von diesem zum Arbeitsminister aufgestiegenen umtriebigen Zeitungsmann, der das in der „Praterschlacht" unter den Wiener Notstandsarbeitern und -arbeiterinnen angerichtete Blutbad zu verantworten hatte, zum „Radikalen" Bechers. Violand stand auf der Tribüne fast aller politischer Gremien: In der Nationalgarde stellte er die Verbindung zur Akademischen Legion her, er saß im Sicherheitsausschuss und im Reichstag, wo er an den Verfassungsarbeiten wesentlichen Anteil hatte und in der Bauern- und Arbeiterfrage konsequent die Position der äußersten Linken vertrat. Die Grenzüberschreitung vom Kompromiss der „demokratischen Monarchie" zur sozialen Demokratie und zum Engagement für die entstehende Arbeiterbewegung vollzog sich bei dieser theoretisch wohlvorbereiteten Gruppe rasch und ist gut dokumentierbar.

Volkssouveränität könnte, so meinte Stifft in seinen publizistischen Arbeiten, nur auf der Basis sozialer Reform aufgebaut werden, andernfalls würde „das Proletariat in den dunklen Gründen des Staatslebens zurückgelassen". Durch das „neue Kapital" werde der „Arbeiter Mittel zum Zwecke":

> „Es ist daher erforderlich, daß der Arbeitslohn mit der Realisierung, mit dem Gewinn der Arbeit in ein quotatives Verhältnis gesetzt werde, was unter dem Begriff der Assoziation der Arbeit zusammengefaßt wird."[19]

Auf dieser Grundlage entwickelte Stifft ein umfassendes Programm sozialer Reformen – „Recht auf Arbeit – Einführung der Arbeitsschulen – Regelung des Arbeitslohnes und Feststellung der Arbeitsstunden – Arbeiterministerium – Regierung der Arbeit, welche aus der Mitte der Produzenten mit Teilnahme des Proletariats hervorgeht". Stifft war der erste, der in der Wiener Revolution explizit den Begriff „soziale Demokratie" gebrauchte („Allgemeine Österreichische Zeitung", 20. Juni), der sich im Verlauf der Klassenauseinandersetzungen des Sommers mit konkretem Inhalt füllte. Im Blick auf die ungelösten nationalen Probleme der Donaumonarchie fügte Stifft gleichzeitig die Forderung nach einem „Sozialismus der Völker" hinzu. Er bewahrte diese Haltung, ebenso wie Jellinek und Violand, gegenüber den antislawischen Ressentiments, die seit dem Prager Pfingstaufstand auch und gerade von Wiener Demokraten vehement zum Ausdruck gebracht wurden. In der Krise, die zu den blutigen Augusttagen führte, standen Stifft und Jellinek eindeutig auf der Seite der Arbeiterschaft (ebenso wie Violand im Reichstag) und orientierten sich auf ein Bündnis zwischen demokratischer Intelligenz und Arbeiterschaft. Mit harten Worten polemisierte Stifft im „Radikalen" gegen das Vorgehen der Nationalgarde gegen Wehrlose und die Politik des Ministers Schwarzer, dessen Lohnkürzungen den Konflikt provoziert hatten. Die bürgerliche Nationalgarde habe

---

19 Andreas von Stifft: Der vierte Stand, in: Kritischer Sprechsaal, Heft 3, S. 17.

„den Bürgerkrieg auf eine schauerliche Weise eröffnet. Der Arbeiter ist in den Augen des Mittelstandes der natürliche Feind ihres Besitzes und zugleich der Verbündete der demokratischen Partei. Auch dieser galt jeder Stich, der in das Fleisch des ‚Gesindels' fuhr. [...] Nicht auf den Ministerbänken wird die Weltgeschichte gemacht, sondern im Volk! [...] Wenn ein ‚Demokrat' Arbeiter schlachten läßt – dann ist die Ministerbank nicht besser als die Bank, die den Galeerensträfling trägt."[20]

Stifft sah in den Augustunruhen keine Episode, sondern einen Wendepunkt der bürgerlichen Revolution:

„Der Arbeiter wird mit einem allgemeinen Aufgebot begrüßt, wie eine Hyäne, die ihrem Wärter entsprang. [...] Der Herr Minister der Arbeiten sieht eine ökonomische Maßregel darin, die konservative Partei wittert Kommunismus und sieht republikanische Wühler im Hintergrunde der Bewegung. Der Arbeiter selbst hat nur einen Gesellenstreit mit seinem Arbeitgeber im Auge, der aber zuletzt Feuerschlünde aus dem bürgerlichen Waffenhause gegen ihn hervorlockt."[21]

An diesem Punkt griff ein seit dem 27. August in Wien weilender Gast in die Debatte ein: Karl Marx. Er war zu dieser Zeit kein Unbekannter, hatte doch die „Allgemeine Österreichische Zeitung" schon am 8. April die berühmten 17 „Forderungen der Kommunistischen Partei in Deutschland" abgedruckt. Im Juni/Juli brachte das Blatt mehrere Abonnementsanzeigen für die „Neue Rheinische Zeitung", in deren Interesse der redacteur en chef aus Köln nach Wien kam.

Die neuere Forschung hat mit Recht die Sitzung des Demokratischen Vereins vom 28. August in den Mittelpunkt der Analyse des Verhältnisses zwischen Marx und der Wiener Demokratie gerückt.[22] Bei dieser Aussprache berichteten Stifft und Jellinek über die Augustereignisse und ihren Bruch mit Schwarzer – dieser Erklärung folgte „rauschender Beifall". In die Diskussion der Demokraten, an der sich unter anderen Julius Fröbel und Becher beteiligten, ob man auf Absetzung des Arbeitsministers oder des gesamten Kabinetts beim Kaiser oder Reichstag antragen solle, griff Marx „sehr geistvoll, scharf und belehrend" ein. Gegenüber der von den Wienern vertretenen Auffassung, alle Aktionen auf gesetzlich gedeckter Basis durchzuführen, legte Marx dar, dass es nun bei offen entbranntem Kampf zwischen Bourgeoisie und Proletariat – er verglich den Wiener August mit dem Pariser Juni – gleichgültig wäre, wer Minister sei. Der Einwand Jellineks, dass es sich bei den Augustunruhen bloß um eine von einer ökonomischen Tagesfrage motivierte Bewegung gehandelt habe, führte zu der im Wiener Arbeiterverein weitergeführten Diskussion über die Wechselwirkung zwischen sozialer Lage und Entwicklung des Klassenbewusstseins.

---

20 Andreas von Stifft: Vae Victis!, in: Der Radikale 60 (26.8.1948), S. 243.
21 Andreas von Stifft: Die Arbeiterbewegung in Wien, in: Der Radikale 63 (30.8.1848), S. 256.
22 Ernst Hanisch: Der kranke Mann an der Donau. Marx und Engels über Österreich, Wien u.a. 1978; Herbert Steiner: Karl Marx in Wien. Die Arbeiterbewegung zwischen Revolution und Restauration 1848, Wien u.a. 1978.

Über die stark besuchte Sitzung des Arbeitervereins im Saal des Josephstädter Theaters vom 30. August existieren Berichte der „Constitution" und der „Neuen Rheinischen Zeitung". Marx referierte über „die letzte Arbeiterrevolution in Paris" und die britische Chartistenbewegung. Nach ihm kam Stifft zu Wort, „unstreitig der geistreichste und durchgebildetste Kopf und Redner Neu-Österreichs", wie die „Neue Rheinische Zeitung" rühmte. Er sprach über die Unmöglichkeit des Weiterbestandes des „aus dem Absolutismus künstlich zusammenkomponierten Österreich", forderte ein Zusammenwirken von Arbeitern, Studenten und Demokraten und wurde nach diesen „freiheitsbegeisterten Worten" zum Ehrenmitglied des Vereins ernannt. Der Text von Stiffts Rede scheint in einem Konzept vorzuliegen, das sich in Bechers Papieren in den Akten des Zivil- und Militärgouvernements Wien (Kriegsarchiv) findet. Wegen der Schärfe der Polemik gegen die Dynastie dürfte es von Becher, der im „Radikalen" bis zum Oktober an der Fiktion der „demokratischen Monarchie" festhielt, nicht publiziert worden sein:

„Die Gesamtmonarchie Österreich entstand aus dem absolut-monarchischen Prinzip und konnte haltbar bleiben, solange eben dieses Prinzip in Österreich und anderwärts haltbar war. Das Prinzip ist längst zusammengestürzt und hat den Glauben der Völker verloren. [...] Der Baumeister der Neustaaten heißt Demokratie, d. h. Sturz des historischen Absolutismus. Ihre schärfste Folge ist Zurücktreten der dynastischen Staaten in die demokratischen Völkerfamilien."[23]

Stifft blieb auch weiterhin dem Arbeiterverein verbunden, für den er noch wiederholt Vorträge hielt; auch der Kontakt zu Marx riss nicht ab.

Die Haltung Stiffts zu den Klassenkämpfen der Pariser Junischlacht stand schon vor der Aussprache mit Marx fest. Während die „Allgemeine Österreichische Zeitung" sonst dem allgemeinen Tenor – „wahnsinnige Schilderhebung, [...] Apostel der fanatischen Lehre des Kommunismus, [...] greuliche Blutszenen" – folgte, erarbeitete Stifft im August einen klaren Standpunkt gegenüber „der engherzigen, amtsseligen Bourgeoisie, [...] die neuen Völkerbetrüger. – Die Februarrevolution hat sich selbst beim Halse gepackt." Eine Analyse, die dem gewaltigen Artikel von Marx über die „siegenden Geschlagenen" des Pariser Juni ebenbürtig ist, veröffentlichte Stifft am ominösen 23. August, dem Tag der Wiener Praterschlacht", in Engländers „Reform". Der Artikel ist zwar nicht signiert, doch aus stilistischen Gründen eindeutig Stiffts Feder zuzuweisen:

„Der Faden, der die Februarrevolution an die erste Revolution knüpft, wurde von Cavaignacs Säbel entzweigehauen, und abermals droht die Frage, die auf Robespierres Lippen erstarb, in dem Blute des niedergemetzelten Proletariats zu ersticken.

---

23 Zitiert nach Wolfgang Häusler, Freiherr Andreas von Stifft d. J. (1819-1877). Leben und Werk eines Wiener Publizisten im Zeitalter der bürgerlich-demokratischen Revolution, in: Jahrbuch des Instituts für Deutsche Geschichte 15 (1986), S. 231-283, hier S. 258f.

Wie lautet aber diese Frage? Die soziale Reform – die Ausgleichung des schreienden Mißverhältnisses zwischen Arm und Reich, die Aufhebung jenes Zustandes, der den vierten Stand zum natürlichen Paria des 19. Jahrhundert macht. [...] Frankreich hat sich den Purpur seiner Revolution selbst von den Schultern gerissen, um ihn zum Fußteppich eines Soldaten zu machen; Frankreich, oder vielmehr die sieghafte Bourgeoisie vergißt, daß es noch einen anderen Purpur gibt: die zerfleischten, unter den Krallen des Egoismus und der sogenannten Zivilisation von Blut triefenden Rücken des niedergetretenen Proletariats, das nicht aufhören wird, seinen Krieg fortzuführen, wo es sich um Anerkennung des Menschenrechts, um die Eroberung der Humanität handelt. Die Junitage haben wohl die Proletarier, nicht aber das Proletariat gemordet; es ist mit der gescheiterten Idee Louis Blancs noch nicht der Sozialismus versandet, jener Sozialismus, der die Bereicherung der Gesellschaft anstrebt und in dem Wohlstande des Ganzen das Glück des einzelnen begründen will, und eben darum auch wird. [...] Das Recht der Arbeit hat Millionen geballter Fäuste hinter sich, ihm Nachdruck zu geben. Eine Bevölkerung, die so von dem Beinfraß des Egoismus und den Furien der Not gedrängt, muß den Weg, den ihr die soziale Wissenschaft gewiesen, wie sie sich in Frankreich entwickelte, einschlagen."[24]

In der Krise der Wiener und österreichischen Revolution, im Abwehrkampf gegen die militärische Gegenrevolution seit dem 6. Oktober 1848, betonte Jellinek diesen neuen Charakter der „Volkskämpfe" mit der Erstürmung des Zeughauses: „Das bewaffnete Volk muß angreifen", der Kampf ginge „gegen die Dynastie im alten Sinne des Wortes" – Artikel im Radikalen, die dem Militärtribunal für sein und Bechers Todesurteil genügten. Für Jellinek hatte die Revolution unwiderruflich einen neuen, zukunftweisenden Charakter gewonnen: „Wißt ihr, wo die Gerechtigkeit ruht? In der sozialen Demokratie und nirgends anders. [...] Diese Demokratie wird noch große Kämpfe kosten. Am 6. Oktober ward der Kampf eingeleitet." Seine Stimme wurde mit Pulver und Blei am 23. November 1848 im Stadtgraben zum Schweigen gebracht – „man brauchte auch einen Juden und hatte sonst gerade keinen zur Hand", wie Bauernfeld notierte.

Stifft, der im Oktoberkampf den Vorsitz über den allerdings in seiner überwiegenden Mehrheit gegenrevolutionär gesinnten Gemeinderat übernommen hatte, wurde offenbar wegen seiner familiären Beziehungen vom Militärgericht verschont. Er lebte als Schriftsteller und Reisepublizist noch bis 1877 – ein Sonderling, den man mit Bücherpacken unter dem Arm, „Sommer und Winter im gleichen abgetragenen Rocke, mit schäbigem Hute und stets mit rotem Regenschirm bewaffnet", mit sich selbst redend durch die Straßen Wiens gehen sah. Seinen Anteil an dem bedeutenden Familienvermögen ließ er unberührt, er starb in großer Dürftigkeit. Die Fahrnisse des Freiherrn von Stifft beliefen sich auf 6 fl 34 kr in bar, ein paar wertlose alte Möbel und Kleider, eine goldene Uhr, ein altes Silberbesteck und ein paar Ringe, zwei Kisten mit Makulaturpapier, die auf

---

24 Soziale Bedeutung der Pariser Arbeiter-Revolution im Juni, in: Reform, Nr. 7 (23.8.1848).

6 fl, und Bücher und Broschüren, die auf 15 fl geschätzt wurden. Sein Anteil am Familienerbe – 86 978 fl 95 2/3 kr – wurde unter den Verwandten verteilt.

In dieser inneren Emigration hatte er sich jedoch nicht gebeugt und seinen Ideen abgeschworen, wie verschlüsselte Aussagen seiner Romane beweisen, auch blieb er mit vielen Achtundvierzigern, wie etwa Moritz Hartmann, in Kontakt. Fast scheint es, als ob Stifft mit Absicht im Dickicht verworrener Handlungsstränge die Kernaussage seiner Romane, das Bekenntnis zu revolutionärer Erneuerung der Gesellschaft, verbergen hätte wollen. Bezeichnend hiefür sind die „Drei Bücher vom Geiste", die 1863 erschienen. Repräsentanten des aufsteigenden Bürgertums werden mit der dekadenten Welt der Aristokratie und der Demimonde des Zweiten Französischen Kaiserreichs konfrontiert. Die Brücke zum 18. Jahrhundert der Aufklärung schlägt die geheimnisvolle Gestalt des alten Freimaurers Swea. Die Tradition der Französischen Revolution verkörpert der düstere alte Tischler Hellwig, der „in Mainz erzogen, dort das Glutlicht der Revolution sich mit der Gärung des 18. Jahrhunderts vermengen und vermählen sah. [...] So war es ihm fast zur Sage geworden, daß einmal vor Jahrzehnten die Lohe der Völkerrache am westlichen Himmel stand, wie ein aufgerichteter Komet über ganz Europa blutrot hinschien und dann verlorenging für eine jüngere Generation. Das lag ihm wie ein großes Unrecht, wie ein Weltbetrug auf dem Herzen, machte ihn düster, leidenschaftlich, grollend."[25] Er und alte Montagnards bewahren in der Pariser Arbeitervorstadt St. Antoine das Andenken an Robespierre:

> „Ihm war die Revolution ein Feuer, welches einmal entzündet, nicht mehr erlöschen sollte, bis es die Welt geläutert. Nur einer war gewesen, der sie vollkommen erfaßt, der ihre Geheimnisse erraten, der sie an seinem Herzblut genährt: Maximilian Robespierre. In ihm war sie siegreich, stark, groß gewesen, mit ihm war auch ihre Kraft gebrochen. [...] Mit seinem Tod fingen die Wasser an zu fallen und verliefen, trockene Erde trat wieder hervor, darauf die Menschen säten und ernteten, und die alte Qual, die alte Knechtschaft hielt ihren Einzug. [...] Ein gebrochenes, ungesühntes Leben starrt in seiner Riesenkraft auf die Nachwelt herab. Es wird zum Racheengel verstoßener, geknechteter Geschlechter. Die Völker hoffen auf ihn. Auf ihn! Robespierre!"[26]

Der Bürgersohn Bergen, der seine Lehr- und Wanderjahre zurückgelegt hat, vermählt sich mit Eleonore, der Tochter des alten Hellwig, die ihren Namen nach Eleonore Duplay, der Gefährtin Robespierres, führt. In seine Reisefeuilletons verpackte Stifft sein Bekenntnis zur Zukunft der „arbeitenden Klasse". Auch Violands Anteil an der Formung der sozialen Demokratie von 1848 wurde in der theoretischen Durchdringung der miterlebten, mitgestalteten Revolution zu einem Vermächtnis. Nach der Auflösung des Kremsierer Parlaments war Violand wie die anderen prominenten Kollegen von der Linken (Kudlich, Gold-

---

25 Andreas von Stifft: Drei Bücher vom Geiste, Wien, Leipzig 1963, S. 256.
26 Ebd., S. 320-322.

mark, Füster) in absentia zum Tode verurteilt, geächtet und vertrieben worden. Man hatte nicht vergessen, ihm den Adelstitel, auf den er in seinem Plädoyer für die Aufhebung der Adelsprivilegien im Reichstag freilich von sich aus verzichtet hatte, und den akademischen Grad abzusprechen. Über Hamburg führt ihn das Exil in die Vereinigten Staaten von Amerika, wo er, solange es ihm möglich war, an den politischen Kämpfen teilnahm. Nach langer Krankheit starb er „noch im kräftigen Mannesalter an den Folgen von Überarbeiten und Nahrungssorgen" 1875 in Peoria/Illinois.

Seinen Kampf um Freiheit und Recht, den er im Zeichen der sozialen Demokratie sah, reflektierte er umfassend in seinem 1850 bei Otto Wigand in Leipzig erschienenen Buch „Die soziale Geschichte der Revolution in Österreich". Autoren dieses Verlages der Abschiedsschrift Violands waren im Vormärz Arnold Ruge, Bruno Bauer, Ludwig Feuerbach, Moses Hess und Friedrich Engels gewesen – das ganze Spektrum der junghegelianischen, radikalen und frühkommunistischen Literatur. Für Metternich, der das Buch sofort nach seinem Erscheinen mit hohem Interesse las, stand es freilich „auf dem Felde der Zerstörung", doch musste der gestürzte Kanzler anerkennen, dass es die Interessenlage des Proletariats getreu vertrete.

Der „Kampf des Egoismus" mit der „Idee des Rechts", so der leitende Gedanke Violands, sei die Triebkraft der modernen Entwicklung, die in der „Erwerbsgesellschaft" eine „herrschende" und eine „beherrschte, abhängige Klasse" hervorbringt. Violands Klassenanalyse beruft sich auf die Lektüre der Werke von Lorenz Stein, dessen „Sozialismus und Kommunismus des heutigen Frankreichs" (1842) den Zeitgenossen die Augen für die soziale Dynamik der bürgerlichen Revolution und des aufsteigenden Kapitalismus geöffnet hatte. Die wesentlich erweiterte Neufassung des Stein'schen Werkes („Geschichte der sozialen Bewegung in Frankfreich von 1789 bis auf unsere Tage", 1850) half Violand, seine eigenen Erfahrungen zu einem theoretischen Modell der Widersprüche der bürgerlichen Revolution auszubauen. Steins Einsichten, dass der Gesellschaft gegenüber dem Saat die primäre Stellung zukäme und dass die ökonomischen Gesetze der „volkswirtschaftlichen" bzw. „industriellen" Gesellschaft ihre Klassenstruktur bestimmten, gaben Violand die Möglichkeit, seine spontane Parteinahme für die unterdrückten und ausgebeuteten Massen in ein klares revolutionäre Konzept einzufügen. Die Analogie zur Pariser Revolution, in der ähnliche sozialökonomische Voraussetzungen mit der Wiener Entwicklung vergleichbare politische Resultate erzeugten, bewies die Richtigkeit dieser Hypothese. Was Violand über die Zusammensetzung des großstädtischen Proletariats und die prekäre Situation des zwischen Kapital und sozialer Depravation eingezwängten Kleinbürgertums mitzuteilen weiß, hat nicht nur hohen Quellenwert, sondern ist auch von der Methode her immer noch vorbildlich.

Stein hatte gefolgert, dass der „Kampf im Herzen der Gesellschaft" zur „Diktatur" der nichtbesitzenden Klasse, des Proletariats, führen müsse, aber die

Entschärfung dieses Konflikts durch „soziale Reform" verlangt, deren Träger das monarchische Staatsoberhaupt sein sollte. 1854 berief ihn Minister Graf Thun-Hohenstein an die reorganisierte Wiener Universität. Steins „Verwaltungslehre" entsprach den in Österreich so starken Traditionen des aufgeklärten Absolutismus und seiner von Sonnenfels begründeten „Polizeiwissenschaft". Geadelt und wohlhabend lebte und lehrte Lorenz von Stein, unermüdlich publizierend, bis zu seinem Tod in der Weidlingauer Villa in Wien (1890). Die Wiener Universität setzte ihm ein Denkmal in ihrem Arkadenhof.

Violand verfolgte Steins analytischen Ansatz weiter, vollzog aber nicht dessen konservative Wende. In Hinblick auf die Demokratie unterschied er die „reine Demokratie", die „wohl die von der Vernunft geforderte Freiheit und Gleichheit, aber nicht die Bedingungen, unter denen sie allein bestehen kann", anstrebt, von den „sozialen Demokraten", welche „diese, und zwar mit Gewalt, einführen wollen". Der Klassencharakter der bürgerlichen Gesellschaft habe sich in der französischen Republik mit der Niederwerfung der Pariser Arbeiterschaft im Juni 1848 enthüllt. Diese „Frage der sozialen Ideen" sei aber „nicht bloß eine französische, sondern eine europäische, welche in der nächsten Zukunft mit Bewußtsein, demnach als selbständige Macht auftreten wird". Vor diesem Hintergrund und aufgrund seiner eigenen Erfahrungen stellte Violand die Frage nach der Gewalt in der Revolution:

> „Auch die demokratische Republik ist nicht imstande, die Idee des Staates vollkommen zu verwirklichen [...], demnach geht das Bestreben der sogenannten sozialen Demokraten dahin, mittelst einer Diktatur jedes Privilegium abzuschaffen und – da die Arbeitskraft in der Regel gleichmäßig verteilt ist – die die Arbeit beherrschende Macht des Kapitals zu brechen. Gelingt es ihr, dies durchzusetzen, dann, meinen die sozialen Demokraten, lasse sich leicht die Demokratie herstellen und die Idee des Staates erfüllen, da der Unterschied zwischen der herrschenden und beherrschten Klasse oder eigentlich das sich sonst dem Staat entziehende Mittel der Ausbeutung des einen durch den anderen Teil hinweggeräumt sei. Dieses Streben mit seiner sittlichen Berechtigung wird jedenfalls der Kampf der Zukunft, und zwar vor allem in Frankreich sein. Ja er hat schon begonnen und seine erste Schlacht im Juni des Jahres 1848 zu Paris geführt. Wenn auch besiegt, rüsten sich doch die sozialen Demokraten, von der Idee des Rechts begeistert, mit ihren darnieder getretenen ungeheuren Anhange der ausgebeuteten Besitzlosen zu neuem erbittertem Kampfe."[27]

Violands radikales Verständnis von Revolution und Demokratie steht am Höhepunkt einer Entwicklung, welche die Traditionen von 1789/1793 und den frühen Sozialismus und Kommunismus zusammenführte. Diese Verbindung zwischen Frühsozialismus und den Ideen und der Praxis der revolutionären Demokratie der Französischen Revolution war keineswegs von vornherein gegeben, sondern das Ergebnis einer komplexen historischen Entwicklung. Saint-Simon und Fou-

---

27 Ernst Violand: Die soziale Geschichte der Revolution in Österreich, Leipzig 1850, S. 9f.

rier etwa lehnten eine politische Revolution zur Durchsetzung ihrer Vorstellungen ab; sie hofften, ihre Entwürfe einer ausbeutungsfreien Gesellschaftsordnung durch friedliche Propaganda ihrer Idee verwirklichen zu können. Erst Louis Blanc mit seiner programmatischen Verbindung von Arbeiterassoziationen mit dem allgemeinen Wahlrecht und vor allem Louis-Auguste Blanqui mit dem Rückgriff auf den plebejischen Egalitarismus der Französischen Revolution und die kommunistischen Lehren Babeufs stellten diese Verbindung her. In den Arbeiterauslandsvereinen formte sich aus der Verschmelzung der Ideen der bürgerlich-demokratischen Revolution mit den Gleichheitsforderungen des ‚utopischen' Sozialismus der Gedanke der „sozialen Demokratie", erstmals programmatisch im Titel der 1836/37 in Brüssel erscheinenden Zeitschrift „Le débat social. Journal démocrate socialiste". In der Folge nahmen die französischen Radikalen diese Bezeichnung für sich in Anspruch und traten 1848/49 als „rote Republikaner" auf. In Deutschland trat die Ausgabe des Brockhaus-Lexikons von 1840 in Hinblick auf das Stichwort „Demokratie" bereits folgende Unterscheidung: „In diesem Punkt also scheidet sich die demokratische Partei [...] in eine rein demokratische, welche nur die politischen Konsequenzen des demokratischen Prinzips: das allgemeine Stimmrecht und die allgemeine Gleichheit aller staatsbürgerlichen Rechte anerkennt und geltend macht, und eine sozialdemokratische, welche diese politischen Errungenschaften nur als Mittel zur Erringung allgemeiner sozialer Gleichheit unter den Menschen ansieht."

Unter den radikal gesinnten Emigranten verstanden Marx und Engels Demokratie als revolutionäre Bewegung des zur Klasse gewordenen, seiner Lage und seiner historischen Aufgabe bewussten Proletariats. Schon 1845 meinte Engels in Hinblick auf die schlesisch-böhmischen Unruhen: „Hierzulande sind Demokratie und Kommunismus, soweit es sich um die Arbeiterklasse handelt, völlig identisch." Das „Manifest der Kommunistischen Partei" prägte die vielzitierte Wendung, „daß der erste Schritt in der Arbeiterrevolution die Erhebung des Proletariats zur herrschenden Klasse, die Erkämpfung der Demokratie ist". Während der Begriff des „sozialen Demokratie" (seit 1849 zumeist schon in der Schreibweise „Sozial-Demokratie") in der deutschen und österreichischen Revolution von unterschiedlichen Gruppierungen, wie den radikalen Republikanern um Hecker und Struve, den am weitesten fortgeschrittenen „kleinbürgerlichen Demokraten" Wiens bzw. von der praktisch-reformistisch orientierten Arbeiterverbrüderung Stephan Borns beansprucht wurde, zeichnete sich bei Marx und Engels ein auf das Proletariat als die revolutionäre Klasse schlechthin konzentrierter Demokratiebegriff ab, dessen Verbindung zur historischen Tradition einer „Revolution des ganzen Volkes" aber noch deutlich erkennbar blieb. In diesem Sinne führte die „Neue Rheinische Zeitung" den Untertitel „Organ der Demokatie".

Außer Steins Theorie kommt für Violand noch eine weitere Möglichkeit der direkten Kenntnisnahme sozialistischer Theorie in Betracht – eine sehr wahrscheinliche Begegnung mit Marx im Demokratischen Verein. Der von Marx so sehr betonte Klassenantagonismus zwischen Bourgeoisie und Proletariat wurde jedenfalls von Violand und Goldmark in den Debatten des Reichstags angesprochen. 1849 war wie im Falle von Stifft der revolutionäre Demokrat von Bruhn Verbindungsmann zwischen Marx und Violand. Wir wissen weiter aus Konfidentenberichten, dass Violand während seines Exils in Deutschland enge Verbindungen zur Londoner Emigration unterhielt und mit den dort geführten Diskussionen um Strategie und Taktik in einer als unmittelbar bevorstehend erwarteten zweiten Revolutionswelle wohlvertraut gewesen sein muss.

Im April des Jahres 1850 setzten Marx und Engels gemeinsam mit Anhängern Blanquis und radikalen Chartisten ihre Unterschrift unter das Gründungsdokument einer „Weltgesellschaft der revolutionären Kommunisten", in dem es bündig hieß: „Das Ziel der Assoziation ist der Sturz aller privilegierten Klassen, ihre Unterwerfung unter die Diktatur der Proletarier, in welcher die Revolution in Permanenz erhalten wird bis zur Verwirklichung des Kommunismus, der die letzte Organisationsform der menschlichen Familie sein wird." Dieser merkwürdige Text komprimiert jene berühmt gewordenen politischen Formeln, die auch aus anderen Marx'schen Schriften dieser Zeit bekannt sind. Die von Marx und Engels verfasste „Ansprache der Zentralbehörde an den Bund" vom März 1850 proklamierte den „Schlachtruf": „Die Revolution in Permanenz". Der Text der 1850 in Hamburg erschienenen „Klassenkämpfe in Frankreich" rief „die kühne revolutionäre Kampfparole" aus: „Sturz der Bourgeoisie! Diktatur der Arbeiterklasse!" und definierte mit Blanqui den „revolutionären Sozialismus" als die „Permanenzerklärung der Revolution, die Klassendiktatur des Proletariats als notwendigen Durchgangspunkt zur Abschaffung der Klassenunterschiede überhaupt". Hier ist anzumerken, dass diese für das politische Programm von Marx so folgenschwere Wendung von der Demokratie zur Diktatur als Mittel zur Durchsetzung der sozialistischen Revolution in der Analyse der Wiener Revolution wurzelt. An ihrem tragischen Wendepunkt hat Marx in seinem zornsprühenden Artikel der „Neuen Rheinischen Zeitung" über den „Sieg der Konterrevolution in Wien" (6. November 1848) die Niederlage des Oktoberkampfes zum Anlass genommen, von den „mörderischen Todeswehen der alten Gesellschaft, den blutigen Geburtswehen der neuen Gesellschaft" zu sprechen. Marx sah „nur ein Mittel, diese Geburtswehen abzukürzen, zu vereinfachen, zu konzentrieren, nur ein Mittel, den revolutionären Terrorismus". In diesem aufrüttelnden, aggressiven Text begründet der aktuelle „Verrat der Bourgeoisie" – mit dem Wiener Bürgertum ist die ganze deutsche Bourgeoisie gemeint – an ihrer eigenen Revolution, die Rückwendung zum jakobinischen Höhepunkt der Großen Französischen Revolution und jene folgenschwere Rechtfertigung der terreur als Mittel der Selbstbehauptung der Revolution gegen äußere und innere Feinde. Die Vermutung, dass Violand von den Debatten und dem Revolutionskonzept der Londoner Kenntnis hatte, als er im Vorwort seiner „sozialen Geschichte" forderte, „mittels einer Diktatur jedes Privilegium abzuschaffen", geht wohl nicht zu weit. Allerdings hat Marx schon im September 1850 – infolge der Orientierung auf die als notwendig erkannte Kritik der politischen Ökonomie und eine langfristige, nicht voluntaristische Revolutionsperspektive – mit der auf sofortige revolutionäre Aktion drängenden Fraktion Willich-Schapper und den Blanquisten abrupt gebrochen.

So steht Violands Buch im Zeichen der unter dem Eindruck der Niederlage in Emigrantenkreisen weitverbreiteten Hoffnung, dass die Revolutionäre – gewissermaßen stellvertretend für die geschlagene und geschwächte Arbeiterklasse und ihre Bewusstseinsbildung und Organisation antizipierend – die Macht ergreifen könnten. Diese Abkürzung des historischen revolutionären Prozesses scheiterte angesichts des stabilen Bündnisses zwischen den alten, ihre Herrschaftspraxis modernisierenden Staatsgewalten und dem machtbewusst gewordenen Wirtschaftsbürgertum. Die Emanzipation der Arbeiterklasse, die 1848 am Horizont der bürgerlich-demokratischen Revolution aufgetaucht war, musste durch die Arbeiterklasse selbst erkämpft werden, auf einem mühevollen, von furchtbaren Rückschlägen unterbrochenen Weg. Violand ist einer der ersten gewesen, die in Österreich diesen Weg betreten haben. In der politisch noch unerfahrenen Arbeiterschaft erkannte er die revolutionäre Kraft der Zukunft und den wichtigsten Träger einer gerechten und demokratischen Gesellschaftsordnung. Seine „Soziale Geschichte" war das erste und für lange Zeit einzige Werk über die tiefe Krise, von der die Donaumonarchie beim Übergang vom Feudalismus zum Kapitalismus gleichzeitig mit dem Erwachen der Nationen erschüttert wurde. Seine Prognose des Zerbrechens des Habsburgerreiches an den ungelösten Fragen der Revolution von 1848 sollte in Erfüllung gehen:

> „Die Republik bleibt nach der nächsten Revolution die in Österreich einzig und allein mögliche Regierungsform. [...] Mit der Vernichtung des Thrones wird aber auch zugleich der eiserne Reif, welcher um die österreichischen Länder geschmiedet ist, zersprungen sein, und sie werden auseinander und dorthin fallen, wohin sie das Interesse, die Sympathie, die Nationalität, die Freiheit ruft."[28]

Sein Porträt, das ihn auf dem Höhepunkt seiner politischen Wirkens als Reichstagsabgeordneter zeigt, bezeichnete Violand mit dem trotz alledem die Zuversicht auf den historischen Fortschritt bezeugenden Satz: „Die Demokraten der Gegenwart können fallen, aber die Sonne der wahren Völkerfreiheit wird auf ihre Leichenhügel strahlen.". Und für alle Opfer dieses großen Kampfes um Freiheit und Gerechtigkeit, der, wie Stifft schrieb, „die Welt durchzieht", gilt der Satz, den Hermann Jellinek vor seiner Hinrichtung aussprach: „Ideen können nicht erschossen werden."

---

28   Ebd., S. 238.

Heidi Beutin

Österreichische Dramatiker auf Berliner Bühnen um 1900 in der Kritik Franz Mehrings

Österreichische Dramatiker auf Berliner Bühnen

Im deutschen Kaiserreich (seit 1871) war Franz Mehring (1846-1919) der überragende Publizist der Sozialdemokratie, tätig als Historiker und Philosoph der Arbeiterbewegung. Neben umfangreichen historischen Werken sowie Beiträgen zur Geschichte der Philosophie verfasste er literaturgeschichtliche Schriften, Monographien und zahlreiche Aufsätze. In vielen Kritiken untersuchte er die poetische Produktion seiner Gegenwart, darunter die Dramendichtung. Dem Berliner Publikum und der Leserschaft der sozialdemokratischen Zeitschriften, für die er schrieb, brachte er auch das deutschsprachige österreichische Theater nahe.

Schon in den ersten Jahrzehnten des 19. Jahrhunderts und in dessen Mitte gab es im österreichischen Kaiserreich, vor allem in der Hauptstadt Wien, doch ebenfalls in der Provinz, eine florierende Theaterkultur, für die Namen stehen wie Johann Nestroy und Ferdinand Raimund. Die Werke dieser Autoren hatten es jedoch schwer, ihren Weg ins Deutsche Reich zu finden, da man ihnen eine überregionale Bedeutung zunächst nicht zusprach. Es bedurfte erst der Pioniertat eines Karl Kraus, um die wirkliche Größe etwa Nestroys weithin kenntlich zu machen und seinen Bühnenstücken auch im Deutschen Reich Resonanz zu verschaffen.

Unter den Dramatikern – gebürtigen Wienern oder am Ort ansässigen Autoren, die hier ihren Durchbruch erlebten –, die Mehring vorstellte, waren ein älterer, dessen Lebenszeit gerade noch bis ins letzte Drittel des 19. Jahrhunderts hineinreichte, Franz Grillparzer (1791-1872), ferner der eine Generation jüngere Ludwig Anzengruber (1839-1889) sowie der wiederum einer Folgegeneration angehörende Hugo von Hofmannsthal (1874-1929). Nicht wenige Schauspiele dieser Dichter kamen in den neunziger Jahren – im ‚naturalistischen Jahrzehnt' – auf die Berliner Bühnen. In der Regel waren es die Theateraufführungen, die Mehring zum Anlass seiner Kritiken nahm. Sie erschienen – im Umfang von drei bis sieben Seiten – in der Zeitschrift „Die Volksbühne" oder in dem sozialdemokratischen Theorie-Organ „Die Neue Zeit".

Wiener Bühnenwesen

Das Burgtheater in Wien während des 19. Jahrhunderts und seine Wichtigkeit für die Autoren sowie Autorinnen können gar nicht hoch genug eingeschätzt werden. Das bestätigten alle Zeitgenossen, die sich darüber äußerten, von Marie von Ebner-Eschenbach (1830-1916)[1] bis Karl Kraus. In Wien, schreibt Mehring, war „schon viel früher als im übrigen Deutschland" der „Boden für eine deutsche Bühne vorbereitet". Es besaß, als Grillparzer im Vormärz seine schriftstellerische Laufbahn begann, „in dem Burgtheater längst ein bewährtes und vortrefflich geleitetes Kunstinstitut" (M 504)[2].

Mehring skizzierte, was dies für die Erziehung des Theaterpublikums leistete: „Umgekehrt war diese Bühne wiederum nicht ohne erzieherischen Einfluß auf das Publikum geblieben, das ihr freilich auf mehr als halbem Wege durch den künstlerischen Zug im Charakter der Österreicher entgegenkam." Für die Autoren war es der ideale Aufführungsort: „Auf einer solchen Bühne, vor solchen Zuschauern durfte der Dichter gewiß sein, in seinen feinsten Absichten und leisesten Andeutungen verstanden und gewürdigt zu werden." (M 504). Sein Vergleich der Wiener mit den Berliner Verhältnissen fiel zum Nachteil der letztgenannten aus. Er verglich den „melodischen und weichen Fluss in Grillparzers Dramen mit den entsetzlichen Knüppeldämmen", auf denen ein weniger glücklicher Zeitgenosse Grillparzers, Ernst Raupach, „die preußische Hoftragödie kutschierte" (M 504).

Hinzu kamen andere Bühnen, die Volks- und Vorstadttheater wie z. B. das „Theater an der Wien", wo 1871 Anzengrubers „Pfarrer von Kirchfeld" uraufgeführt wurde.

„Infame Reaktion" und „soziale Emanzipation"

Wie erwähnt, beschrieb Mehring die Wiener Zustände gern im Blick auf die Berliner. So berichtete er über Grillparzers „schöpferische Dichterzeit von 1815 bis 1848". Sie fiel in die Metternich-Ära, die in der Literaturgeschichte heute in der Regel mit dem „Vormärz" gleichgesetzt wird.

> „Jene infame Reaktion, welche die Schwingen seines Genius immer wieder lähmte, hätte er im übrigen Deutschland und namentlich im preußischen Staate, dessen Regierung gehorsam an Metternichs Narrenseil tanzte, mindestens ebensosehr gefunden wie in Wien." (M 504)

---

1   Marie von Ebner-Eschenbach: Meine Kinderjahre. Biographische Skizzen (1906), in: dies.: Sämtliche Werke, Bd. 6, Berlin etc. o. J., S. 545-723.; dies.: Meine Erinnerungen an Grillparzer (1916), in: dies.: Sämtliche Werke, Bd. 4, Berlin etc. o. J., S. 577-617.

2   Franz Mehring: Aufsätze zur Geschichte der österreichischen Literatur, in: ders.: Gesammelte Schriften, hrsg. v. Thomas Höhle u. a., Bd. 11, Berlin 1961, S. 501-531. – Unter anderem dort besprochen: Grillparzers „Der Traum ein Leben", Anzengrubers „Der Pfarrer von Kirchfeld", „Der Meineidbauer" und „Das vierte Gebot" sowie Hofmannsthals „Die Hochzeit der Sobeide" und „Der Abenteurer" (alle Kritiken aus den Jahren 1893-1899). – Ich zitiere Mehrings Schriften nach dieser Ausgabe im Text mit der Sigle M und der entsprechenden Seitenzahl.

Obwohl Grillparzer unter der „infamen Reaktion" zu leiden hatte, resignierte er dennoch nicht und lieferte neben anderen Schauspielen einige aus der Geschichte des Habsburgerstaates, der darin zum Teil in verklärendem Licht erscheint. Sie zeigen, rügte Mehring,

> „den Dichter doch in einer schiefen Stellung. Was dichterisch an diesen Dramen ist, das verleidete sie bei Lebzeiten des Dichters dem Habsburgisch-Metternichschen System, das, stolz auf seinen plumpen Polizeiknüppel gelehnt, gar nicht dichterisch verherrlicht sein wollte und vor bleicher Angst in dem poetischen Ausdruck gehorsamer Untertanentreue schon den Anfang einer heimlichen Rebellion sah. Was aber kaiserlich-habsburgisch an diesen Trauerspielen ist, das vermögen wir heute nicht mehr zu verdauen: Grillparzers Anhänglichkeit und Treue an ein Kaiserhaus, das ihn jeden neuen Tag mißhandelte oder mißhandeln ließ, geht über unsern Horizont." (M 505)

Zu einem Zeitpunkt kurz vor dem Tode Grillparzers errang Anzengruber mit dem „Pfarrer von Kirchfeld" – von ihm als „Volksstück" bezeichnet – seinen ersten, durchschlagenden Erfolg, den größten seiner Schriftstellerlaufbahn überhaupt.

> „Anzengruber tat mit dem Stück einen tiefen Griff in das Leben der Zeit. Es waren die Tage, in denen die bürgerliche und namentlich auch die bäuerliche Bevölkerung Österreichs darum rang, das erdrückende und verdummende Joch der römischen Klerisei abzuschütteln. Alles schrieb oder sprach über die Unfehlbarkeit des Papstes, über den Altkatholizismus, über die Zivilehe, die Priesterehe und dergleichen mehr. In dieser bewegten Zeit ergriff nun ein echter Volksdichter das Wort und entrollte vor den Augen der streitenden Mitwelt die Tragödie eines Priesterlebens. [...] In den besten seiner späteren Stücke zeigt sich Anzengrubers Kunst noch ungleich vollendeter; dafür hat er niemals wieder so tief in das Herz der Massen gegriffen wie im ‚Pfarrer von Kirchfeld'." (M 510f)

Der Theatermann Heinrich Laube war es, dessen einfühlsame Besprechung den Erfolg Anzengrubers mitbewirkte. Als Zeitgenosse beobachtete er: „Nein, es ist wirklich das sogenannte Volk, welches da oben sitzt und sich so verständnisinnig wie rasch verstehend äußert, wo nur von gemischter Konfession, von gemischter Ehe und von einer aufdämmernden Notwendigkeit der Priesterehe die Rede ist." Es trete „dabei jählings vor Augen ..., daß diese politisch-religiösen Fragen, oder richtiger: diese politisch-kirchlichen Fragen im Volke nicht nur lebendig, sondern schon vollständig erwachsen sind".[3] Ging dem Volk in Wien das Volksstück ‚unter die Haut', so konnte es in Norddeutschland, wusste Mehring, nicht dieselbe begeisterte Aufnahme finden:

> „Es ist wahr: ein so schnelles und unmittelbares Verständnis wie in den Massen der österreichischen und süddeutschen wird der ‚Pfarrer von Kirchfeld' in den Massen der norddeutschen Bevölkerung niemals finden. Das liegt in den politischen und so-

---

3   Zit. nach: Walter Heichen: Ludwig Anzengrubers Leben und Werke (Einleitung), in: Ludwig Anzengrubers gesammelte Werke in acht Bänden, Bd. 1, Berlin o. J., S. 5-52, hier: S. 26f.

108 Heidi Beutin

zialen, in diesem Falle ganz besonders auch in den religiösen Unterschieden. [...] der ganze Streit um den religiösen Dogmenglauben ist für das heutige Proletariat überhaupt Hekuba. Indessen in der österreichischen Landbevölkerung, in der Anzengrubers Volksstück spielt, lagen die Dinge ganz anders; unter der religiösen Hülle spielte sich ihr Ringen um soziale Emanzipation ab, und dieser Kern des dramatischen Konflikts ist immer seiner tiefen Wirkung auf die Massen sicher." (M 512)

Zur Ästhetik der Epoche und zu den literarischen Strömungen

Es war gerade der Zeitpunkt von Anzengrubers großem Erfolg, als in Europa und so auch in den deutschsprachigen Ländern die literarische Moderne aufbrach: „Pauschal betrachtet, rechnen zur europäischen Moderne künstlerische Richtungen, Ereignisse und Werke, die in den Zeitraum jeweils dreißig Jahre vor und dreißig Jahre nach 1900 gehören [...]."[4]

Mehring, der die Entwicklung des Naturalismus, wie sie sich in Deutschland seit 1885 vollzog, kritisch kommentierend begleitete, auch das Schaffen einzelner naturalistischer Künstler wie besonders Gerhart Hauptmanns, grenzte den „Volksdichter" Anzengruber vom Naturalismus sorgfältig ab:

„Vor einem Stück wie dem ‚Meineidbauer' erkennt man recht klar, daß es mit dem modernen Naturalismus allein eben auch nicht getan ist. Anzengruber schreibt nicht die platte Wirklichkeit ab; er benutzt sogar [...] melodramatische Mittel und Mittelchen, die er lieber nicht hätte brauchen sollen; er verfolgt eine bestimmte Tendenz: die verheerenden Folgen der Priesterherrschaft aufzudecken. Aber er kannte Goethes Rat: Bilde, Künstler, rede nicht; er arbeitete mit echt dichterischen Mitteln, und wenn in dem ganzen Drama kaum mit einem Worte von den Pfaffen gesprochen wird, so spiegelt sich in der so vollkommenen Gestalt des Meineidbauern allein die

---

4 Heidi Beutin, Wolfgang Beutin: Rinnsteinkunst? Zur Kontroverse um die literarische Moderne während der Kaiserzeit in Deutschland und Österreich, Frankfurt am Main 2004 (= Bremer Beiträge zur Literatur- und Ideengeschichte, Bd. 44), S. 7. – Grillparzers Dichtungen fallen nicht mehr in denselben Zeitraum, und er kann auch keiner der nach 1870 auftretenden, seit den achtziger Jahren in immer rascherem Wechsel einander ablösenden Strömungen der Kunst (den „Ismen") zugerechnet werden. Abgesehen von dem Argument der Zeit wäre die Zuordnung dieses Dichters auch aus Gründen der Beschaffenheit des Werks schwierig. So heißt es in einem neueren Lexikon: „G. bildete einen eigenständigen Dramenstil aus, der viele künstlerische Richtungen auf sich wirken ließ; er vereinigt Elemente des österr. monumental-farbenprächtigen ‚Barock' und des derbkomisch-frischen Wiener Volkstheaters, künstlerisch-ästhetische Eigenarten der dt. Klassik (Schillers ideales Pathos wie Goethes intime ‚Seelendramatik') und Romantik (innerliche Zerrissenheit und Verlorensein seiner Gestalten) wie die lockere Szenenfolge span. Volksstücke (Lope de Vega, Calderon)." (Günter Albrecht u. a.: Lexikon deutschsprachiger Schriftsteller von den Anfängen bis zur Gegenwart, Leipzig 21972, Bd. 1, S. 290).

ganze Verwüstung der klerikalen Reaktion wider. Anzengruber reichte an das Ideal des echten Volksdichters heran [...]." (M 516f)

In diesem Passus wird Mehrings Ablehnung von ‚Tendenz' sehr einsichtig, aber nicht der Tendenz an sich, sondern der aufdringlichen, die den im Kunstwerk gezeigten Vorgängen und Personen aufgezwungen wird. So sei es dem Dichter im „Pfarrer von Kirchfeld" noch nicht ganz gelungen, „die tendenziösen Elemente seines Stoffes dichterisch aufzulösen und zu erklären", worauf er sich später ausgezeichnet verstand. (M 511)

Bei aller Kritik an den Schattenseiten des Naturalismus, Mehring verkannte doch nicht dessen Vorzüge. Dahingegen verfiel die in Wien alsbald folgende literarische Strömung: die ‚Wiener Moderne' (auch Neuromantik, Dekadenz, Symbolismus oder ähnlich benannt) bei ihm größtenteils – wie gleichzeitig bei dem Wiener Karl Kraus – einer meist sehr ironischen Ablehnung. Vor allem auch einer von deren damals stark beachteten Repräsentanten, Hugo von Hofmannsthal, und dessen Dramolett „Die Hochzeit der Sobeide". Mehring schrieb:

„Die Bewunderer Hofmannsthals sagen, seine Richtung sei der natürliche Rückschlag auf den versandenden Naturalismus, der durch die sklavische Kopie der gleichgültigsten Wirklichkeit die Kunst des Dramatikers entgeistige. Ob hier wirklich ein ‚natürlicher' Rückschlag oder nur die Übertrumpfung einer Mode durch die entgegensetzte Mode vorliegt, mag einstweilen dahingestellt bleiben: in der Sache liegt jedenfalls eine Kur nach der Methode des Doktors Eisenbart vor. Steht die Wahl zwischen der ‚Hochzeit der Sobeide' und dem ‚Fuhrmann Henschel', so siegt dieser derbknochige Sohn des Riesengebirges nach allen Grundsätzen der ästhetischen Kritik über das ätherische Wesen aus dem Morgenlande." (M 529f)

Er nimmt ein Bild aus Immermanns Roman „Münchhausen" auf, worin „drei unbefriedigte Jünglinge in grünem Sammet" auftreten, Bankierssöhne, wovon einer ein großer Dichter, der andere ein großer Philosoph, der dritte ein großer Staatsmann werden möchte. Unter diesem Bild stellt er nun die neue literarische Strömung vor:

„An diese unbefriedigten Jünglinge in grünem Sammet erinnert die allerneueste Dichterschule, die, ebenfalls nach vorsichtiger Wahl ihrer Eltern, neuestens zum profanen Volke herabgestiegen ist, um ihm, losgelöst von aller irdischen Schwere, die feinste Blüte der Poesie zu bieten. Stimmung ist ihr erstes und letztes Wort; Handlung und Stoffe und – im Drama – auch die Kunst des Schauspielers verachtet sie gründlich: Duft und Ton ist der künstlerische Genuß, den sie gleichgestimmten Seelen bereitet. Es ist eine Poesie reicher Söhnchen für reiche Söhnchen; wer sich mit der handfesten Wirklichkeit des rauhen Lebens herumschlagen muß, erwirbt sich nicht die Feinheit der Sinne, um diesen luftigen Nektar genießen zu können. In dem Bemühen, ihn zu schlürfen, verfällt er vielmehr in die banausische und prosaische Reflexbewegung des Gähnens." (M 527)

Als Zeuge der Aufführung im Deutschen Theater in Berlin (1899) konnte Mehring registrieren, dass es „so der Mehrheit des Publikums" erging, „das zwei

Stückchen von einem dieser modernsten Dichter, dem jungen Wiener Hugo v. Hofmannsthal [...], an sich vorüberwandeln sah" (M 527). Er sage

> „uns als unbefriedigter Jüngling in grünem Sammet: Ich verachte, was bisher das Wesen der Dramatik ausgemacht hat, die Handlung wie die Gestalt, aber paßt mal auf, was ich aus diesem verächtlichen Material herauszaubern werde an Empfindungen, Stimmungen, Gedanken und Begriffen [...]." (M 529)

Kunst, „den arbeitenden Klassen" zugedacht

In seinen literaturkritischen Aufsätzen und Untersuchungen vernachlässigte Mehring niemals den Maßstab, den er als seinen übergeordneten betrachtete: nämlich ob das Kunstwerk, das zu besprechen war oder das er an der Freien Volksbühne zur Aufführung vorsehen wollte, „den arbeitenden Klassen" zusagte oder nicht.

Sagte es ihnen zu und konnten sie etwas damit anfangen, oder empfanden sie es nicht als eine ihnen bekömmliche geistige Kost? Die Gründe für dies oder jenes spürte Mehring feinfühlig in den Dichtungen auf, die ihm zur Beurteilung vorlagen. Von den Gründen lenkte er zurück auf die Autorpersönlichkeiten und ihr individuelles Künstlertum, das ihre Schriften prägte. In diesem Zusammenhang erscheint in Mehrings Kritik dann auch das Ideal des Dichtertums, wie er es sich geformt hatte. In ihrer Weise als vorbildlich erschienen die Repräsentanten der ‚Literaturrevolutionen', die Epoche gemacht hatten, wie der Sturm und Drang, das Junge Deutschland, der Vormärz. Ihnen folgten die frühen Repräsentanten sozialistischer Literatur. Anders formuliert: Was er am liebsten aufsuchte, waren die „bahnbrechenden Dichter", ein Lessing, der junge Goethe, Schiller, Heinrich Heine und so weiter. All dies lässt sich gut an seiner Einschätzung Grillparzers nachvollziehen:

> „Grillparzer ist großen Schichten der deutschen Nation, so namentlich den arbeitenden Klassen, doch mehr oder minder fremd geblieben. Wie in seinem Leben, so liegt auch in seinem Dichten etwas Gebundenes und Gebrochenes, das auf kampffreudige Klassen nicht gerade anziehend wirkt. Es sind nicht allein die Stoffe seiner Dramen, auf die es dabei ankommt: wir vermögen uns auch nicht mehr recht in den Geist zu schicken, der sie beseelt. In Grillparzers Leben fehlt jene revolutionäre Episode, jener Sturm und Drang, der in dem Leben der bahnbrechenden Dichter niemals zu fehlen pflegt." (M 503)

Nun hütete sich Mehring allerdings, das Pendel allzu weit zur Verneinung ausschlagen zu lassen, und so suchte er die richtige Mitte zwischen Ja und Nein:

> „Er war kein Kriecher, obschon er in einer seiner Tragödien die Untertanentreue so verherrlichte, daß selbst dem kläglichen Despoten Franz II. von Österreich dabei angst und bange wurde. Aber er hatte auch keine Spur vom Rebellen, der mit geballter Faust drein schlägt, wenn ihm von hündischen Seelen hündisch mitgespielt wird." (M 503f)

Noch einmal suchte Mehring das Missverständnis auszuräumen, als mäkele er an Grillparzer nur herum:

„Nicht als ob mit alledem ein Stein auf Grillparzer geworfen werden sollte! Er war der Sohn seiner Zeit, einer elenden, nichtnutzigen, verkommenen Zeit, von der er sich nicht völlig losreißen konnte. Revolutionäre Titanen konnten in dem Österreich Metternichs nicht gedeihen. Nicht um Grillparzer anzuklagen, sondern um seine historische Stellung zu kennzeichnen, um seine Bedeutung für das heutige Proletariat festzustellen, weisen wir auf diese Verhältnisse hin." (M 504)

Insbesondere dem Schluss des Dramas – nach des Dichters Angabe: eines „dramatischen Märchens" – „Der Traum, ein Leben" (uraufgeführt 1834), eines von Mehring in mancher Hinsicht geschätzten Schauspiels, setzte er sein prononciertes Nein entgegen. Dort preist Rustan, der Held des Geschehens, die stille Existenz in der Zurückgezogenheit, fern der Öffentlichkeit und abgetrennt von politischen Aktivitäten, als Ausweg aus den Gefahren, mit denen das Leben die Menschen bedroht:

„Eines nur ist Glück hienieden,
Eins: des Innern stiller Frieden
Und die schuldbefreite Brust!
Und die Größe ist gefährlich,
Und der Ruhm ein leeres Spiel;
Was er gibt, sind nicht'ge Schatten,
Was er nimmt, es ist so viel!"[5]

Aber selbst hier erwies Mehring erneut sein Verständnis für den Dichter in schwieriger Ära:

„Grillparzer lebte in einer Zeit, in der alles öffentliche Leben gewaltsam unterdrückt war, in der ein aufrechter Mann nur in der friedlichen Heimlichkeit seines Hauses frei atmen konnte, in der die herrschenden Klassen sich aufrechterhielten durch eine ununterbrochene Kette gemeiner und nichtswürdiger Streiche, in der Ehrlichkeit und Ehrgeiz sich so vertrugen, daß der Ehrliche ein Philister bleiben und der Ehrgeizige ein Schurke werden mußte. Insoweit hatte die Entscheidung, die Grillparzer und sein Held Rustan trafen, ihren guten Sinn."

Die Situation ein Halbjahrhundert später (1894/95) war aber eine veränderte:

„Die Umwälzung der ökonomischen Zustände hat für das Proletariat eine Lage geschaffen, in der sich Ehrlichkeit und Ehrgeiz anders vertragen, als sie sich für den bürgerlichen Philister der dreißiger Jahre vertrugen. Die Ehrlichkeit des Proletariers besteht heute in dem Ehrgeiz, der ihn für seine Klasse durchglüht: um ihre Größe gibt er gern seines Innern stillen Frieden dahin [...]." (M 508)

---

5 Grillparzers Werke, neue illustrierte Ausgabe, hrsg. v. Karl Macke, Berlin o. J., S. 348.

Drei Dichter, differenziert betrachtet
Grillparzer

Grillparzers dramatische Werke zerfielen, wie Mehring sah, in drei Gruppen:

„Sie waren entweder der antiken Geschichte und Sage entnommen oder aber sie gehörten der österreichischen Geschichte, genauer der habsburgischen Kaisergeschichte an, oder endlich der Dichter erfand sie mehr oder weniger selbst." (M 505)

Die erste Gruppe enthalte „geistvolle Studien nach der Antike", in Wahrheit gleichzusetzen mit

„Marmorbildsäulen, in denen bei aller kalten Schönheit kein Tropfen von dem Blute fließt, das in den Herzen des neunzehnten Jahrhunderts pocht.[...] Noch weniger sind heute für ein denkendes und kämpfendes Arbeiterpublikum Grillparzers Dramen aus der habsburgischen Kaisergeschichte genießbar [...]." (M 505)

Und für ein gegenwärtiges Publikum, zu Beginn des 21. Jahrhunderts? – Mehring könnte eine Passage wie die folgende im Sinn gehabt haben. In dem Trauerspiel „König Ottokars Glück und Ende" konterfeite der Dichter in der Titelfigur nach Meinung einiger Forscher den Eroberer-Typus à la Napoleon. Ein Hauptgegner Ottokars, der „alte Merenberg", sendet ein Dankgebet zu Gott:

„Und für den Tag, den du geschenkt dem Lande,
Da du hervorriefst aus des Dunkels Schoß
Mildglänzend Habsburgs leuchtendes Gestirn,
Das wieder grün macht die zerstampften Auen
Und wieder lau die frostdurchschnittne Luft.
O gib, daß wir, der Deutschen Äußerste,
Teilnehmen an dem Heil, das dort entstand;
Daß alle, die wir Österreicher sind,
Entnommen aus des Fremden harter Zucht,
Wie Brüder kehren in der Eltern Haus,
Von *eines* Vaters Auge fromm bewacht."[6]

Nicht recht begründet wirkt auch das Lob, das in demselben Trauerspiel ein Dienstmann den Österreichern erteilt: Italien sei im Vergleich zu andern Ländern das Kind, Deutschland der Mann, aber Österreich „der wangenrote Jüngling", der angeredet wird: „Und mache gut, was andere verdarben!"[7] Der Erhöhung des Habsburgerhauses dient, was Rudolf, der erste Habsburger auf dem deutschen Kaiserthron, am Ende des Dramas für sich selber beansprucht: „Dem ersten Habsburg Heil in Österreich!" Woraufhin „Alle" ausrufen: „Heil! Heil! Hoch Österreich! Habsburg für immer!"[8] In der Gegenwart wenig überzeugen mag auch in einem anderen Trauerspiel mit dem Titel „Ein Bruderzwist in Habsburg" die Szene mit einem späteren Habsburger, Rudolf II. Dieser sieht in

---

6 Ebd., S. 248.
7 Ebd., S. 252.
8 Ebd., S. 274.

einer Angstvision, wie „aus der untersten der Tiefen / Ein Scheusal aufsteigt, gräßlich anzusehn" – es ist das Schreckbild der Demokratie. Der Kaiser hört deren Vertreter rufen: „Sind wir die Mehrzahl doch, die Stärkern doch" ... Weiter heißt es dann: Nicht eindringende fremde Völker, Invasoren seien es, die als Bedrohung erscheinen: „Aus eignem Schoß ringt los sich der Barbar", der nun Kunst, Wissenschaft, Staat, Kirche „[h]erabstürzt von der Höhe, die sie schützt, [...] Bis alles gleich, ei ja, weil alles niedrig." Derselbe Monarch betrachtet, was aufsteigt, als neue „Sündflut", die er „Pöbelherrschaft" nennt.[9]

Mehring schreibt, also bleibe nur die dritte Gruppe der Dramen des Dichters, „in der wir Grillparzer zu suchen haben, wenn wir seine echteste Kunst finden wollen"; am bedeutendsten vielleicht in der „Ahnfrau" (M 505).

> „In dem Stück herrscht ein gewaltiges Ringen nach individueller Freiheit, Zeitfragen werden blitzartig beleuchtet, in genialer Weise die widerstreitenden Anschauungen über das Richteramt, das der Mensch an dem Menschen üben kann und soll, einander gegenübergestellt [...]." (M 506)

In seinen Aufzeichnungen über die „Ahnfrau" aus dem Jahre 1817 erklärt der Dichter, er halte sich „übrigens fern von dem Treiben einer faselnden, frömmelnden, geistlosen Schule [...]",[10] womit nur die damals tonangebende Romantik gemeint sein kann. Gleich in der ersten Replik, einem Monolog des Grafen Borotin, trifft man auf eine Aussage, die man als Allegorie auf den Untergang der Aristokratie verstehen darf: „Fallen seh' ich Zweig auf Zweige, / Kaum noch hält der morsche Stamm; / Noch ein Schlag, so fällt auch dieser, / Und im Staube liegt die Eiche, / [...] Keine Spur wird übrig bleiben [...]."[11]

Der Dichter trug nicht wenige Züge eines humanen Menschenbilds in sein Werk ein; so zum Beispiel die Ansicht, dass durch Liebe der Mensch, der sich Verwerfliches hat zuschulden kommen lassen, ,neue Güte' erlangen könne. Zu seiner Geliebten, Bertha, sagt der Räuber Jaromir: „Als ein neues, reines Wesen, / Wie aus meines Schöpfers Hand, / Lieg' ich hier zu deinen Füßen [...]."[12]

Anzengruber

Mehring schätzte von den österreichischen Dramatikern diesen mehr als die übrigen, weil er, obwohl kein proletarischer Dichter, einem solchen am nächsten kam. „Anzengruber war kein proletarischer, sondern ein kleinbürgerlicher Dichter." Namentlich in seinen Dramen aus dem Bauernleben bewege sich „der dramatische Konflikt um kleinbürgerliche Fragen", wie: bäuerliches Eigentums-

---

9 Ebd., S. 404 u. 408.
10 Ebd., S. 63.
11 Ebd., S. 65.
12 Ebd., S. 89.

und Erbrecht, „die Abschüttelung des pfäffischen Jochs". „Aber freilich gehört Anzengruber zu dem revolutionären Flügel des Kleinbürgertums, der dem Proletariat mehr oder minder nahesteht." In dieser Hinsicht stellte Mehring den Österreicher noch über den Mecklenburger Fritz Reuter, der „der andere moderne Klassiker des Kleinbürgertums" (M 513) sei.

Außer dem „Pfarrer von Kirchfeld" schätzte Mehring von Anzengrubers Volksstücken besonders den „Meineidbauer" und „Das vierte Gebot". Der Wert des „Meineidbauern" liege „in der Wahrheit und Wucht der mit glänzender Psychologie entworfenen Charaktere und in der erschütternden Gewalt der aus ihrem Zusammenstoße sich ergebenden Konflikte" (M 515). Außer der Titelfigur rühmte Mehring vor allem „die Heldin der Tragödie", Vroni, eine jener „Mädchengestalten von eigenartiger Zartheit der Empfindung bei einer gewissen Natur-Wildheit, die den Dramen Anzengrubers einen so unbeschreiblichen Reiz geben [...]." (M 516)

Über „Das vierte Gebot" urteilte Mehring: „Ohne eine Spur von Tendenz zeigt das ‚Vierte Gebot' in erschütternder Weise, wie der soziale Verfall der Gesellschaft die heiligsten Bande zerrüttet, die Menschen an Menschen knüpfen." (M 520)

Aus heutiger Perspektive ist im „Pfarrer von Kirchfeld" besonders des Verfassers klare Erkenntnis der Klassengegensätze zu rühmen; der Ständeunterschied tritt in voller Schärfe hervor. Der Prototyp des Adligen, Graf Finsterberg, beharrt ausdrücklich auf dem „Ständeunterschied", weil dieser der „Weltordnung" entspreche.[13] Dagegen setzt der Pfarrer Hell, dass alle Menschenherzen „aus der Hand des Schöpfers [...] doch gleichgeartet hervorgegangen" seien.[14] Für die katholische Kirche der Zeit lag ein Tabubruch sicher auch darin, dass Anzengrubers Pfarrer sich auf Calvin und Luther beruft.[15]

Im „Meineidbauer" zeigte Anzengruber, wie die Klassenmoral selbst in die intimen Beziehungen Liebender hineinreicht: „[...] die Weibsleut' sein allweil so g'west, was ihnen bei ein' G'ringern a Schand 'bracht, do setzen sie mit ein' Reichen, Vornehmen a Ehr' drein [...]."[16] Vroni äußert über den Arm/Reich-Unterschied: „[...] aber wann d'Armut kein' Schand, so is auch der Reichtum kein' Ehr' z' nennen."[17] Demselben Dirndl überträgt es Anzengruber auch, einer Wendung eines anderen mit antisemitischem Einschlag zu widersprechen.

---

13   Ludwig Anzengrubers gesammelte Werke in acht Bänden (wie Anm. 3), S. 7 u. 14 („Der Pfarrer von Kirchfeld").
14   Ebd., S. 41.
15   Ebd., S. 13. – Wie die Catholica in dem Drama eine Menge von Tabubrüchen erblicken musste, so etwa in den schneidenden Worten Hells über das Zölibat (ebd., S. 32).
16   Ebd., S. 6 („Der Meineidbauer").
17   Ebd., S. 14.

"Toni: ... ich bin für dich so gut wie a Jud, vor dem d' ausspuckst!
Vroni: Ach beileib', ich spuck' vor kein' Juden aus!"[18]

Im Volksstück „Das vierte Gebot" demonstriert Anzengruber, dass die Eltern, die nach dem Gebot von ihren Kindern geehrt werden sollen, ihren Kindern die größte Schande antun: „Sie schlagen Kapital aus Ihrem Kinde!"[19] Der Vater nutzt hierfür den „Heiratszwang" aus, der ihm nach damaliger Auffassung zustand, so wie der Hausbesitzer Hutterer seiner Tochter droht: „Eltern wissen allemal besser, was den Kindern taugt, und müßt' ich dich zwingen, so würd' ich dich auch zu dein' Glück zwingen."[20] Derselbe Vater hängt wie der Graf Finsterberg am Ständeunterschied, und er missbilligt, dass die Tochter sich mit einem Manne von niedrigerem Stande verbinden möchte: „Was weiß ich, wie zwei Geschöpf' von so ein' himmelweiten Abstand auf die Lieb' verfallen [...]."[21]

Zwei junge Frauen der dramatischen Handlung müssen am Ende erkennen, dass sie von ihren eigenen Eltern prostituiert worden sind: „Ob an einen oder an mehrere, wir sind ja doch zwei Verkaufte!"[22] Hedwig erkennt zu spät, dass ihre Eltern sie einem verdorbenen Lebemann verschachert haben, der eine körperliche Schwäche oder Krankheit vererbt (dasselbe Motiv, das Ibsen in seinen „Gespenstern" verwendete). Die Folge ist, dass beider Kind unrettbar dahinsiecht. Barbara, die Frau des bankrotten Drechslermeisters Schalanter, lässt ihre Tochter auf den Strich gehen, und sie versucht selber, ihres Mannes Gesellen zu verführen, eine andere Frau Potiphar.[23] Mehring schrieb:

„In der Schalanter-Familie [...] schildert Anzengruber eine gewisse Schicht des Wiener Kleinbürgertums, die an ihrer Schlamperei verkommt. Das soziale Milieu, in dem die Leute leben, ist einheitlich gestimmt; wie es auf Vater, Mutter, Sohn und Tochter wirkt, zeigt sich in sehr verschiedener Weise, aber es ist immer dieselbe Atmosphäre, in welcher alle atmen: die sozialen Verhältnisse bestimmen die Charaktere." (M 525)

Hofmannsthal

Die frühe dramatische Kunst dieses Dichters fand wenig Gnade vor den Augen des berlinischen Kritikers, aber auch ihn ließ er nicht gänzlich fallen:

„Es fehlt diesem Talent gänzlich an Größe und Kraft, an urwüchsigem Drang und Sturm; man mag es einen untadelhaft gekleideten Stutzer nennen, aber doch einen Stutzer, dem weder ganz das Herz, noch ganz die Stimme fehlt. Aus dem zierlichen

---

18 Ebd., S. 51.
19 Ebd., S. 18 („Das vierte Gebot").
20 Ebd., S. 16.
21 Ebd., S. 11.
22 Ebd., S. 69.
23 Ebd., S. 22.

Geplätscher seiner Verse hebt sich mitunter eine Welle höher empor, von lyrischer Empfindung und Stimmung getragen; mehr als ein gewandter Versdrechsler ist Hugo v. Hofmannsthal gewiß. Aber so sehr viel mehr allerdings nicht, und das Patent, wodurch er sich zum Bahnbrecher einer neuen Kunst ernennt, hat die Muse nicht gegengezeichnet." (M 528)

Über das Dramolett „Die Hochzeit der Sobeide"[24] urteilte Mehring: „[...] die langen Deklamationen, wahre Sandwüsten von Trivialitäten mit einzelnen blühenden Oasen, übten eine stark einschläfernde Wirkung aus." (M 529)

Das Drama um Sobeide ist die Geschichte einer verfehlten Eheschließung und einer ebenso verfehlten Liebe; Hofmannsthal gestaltete sie nach einer Erzählung aus „Tausend und eine Nacht". Sobeide heiratet den Kaufmann, der einer der Gläubiger ihres verschuldeten Vaters ist. Der Ehegatte erfährt von ihr, dass sie nicht ihn, sondern den jungen Ganem liebt, den Sohn eines Teppichhändlers. Daraufhin gibt der Gatte sie frei. Rasch sucht sie Ganem im Hause von dessen Vater auf, erfährt jedoch, dass Ganem, wie ebenso sein Vater, Gülistane, eine Witwe liebt. Vater und Sohn geraten wegen der Witwe in Konflikt. Diese lehnt aber Ganem als Liebhaber ab und überließe ihn gern der Sobeide. Sobeide wiederum schlägt Gülistane vor, sie – die beiden Frauen – sollten künftig abwechselnd Vater und Sohn „haben". Der Vorschlag missfällt Ganem. Er verstößt Sobeide. Sie versucht, sich durch Sprung von einem Turm das Leben zu nehmen, verwundet sich schwer und stirbt. Mehring urteilte: „Es ist eine Häufung der krassesten Effekte, womit der verwegenste Kolportageroman arbeiten mag [...]." (M 529)

Dennoch sind in dem Drama einige anrührende Passagen, wie die des Abschieds der Sobeide von den Eltern. Die Mutter gibt ihr auf den Weg:

„Leb wohl. Sei keine schlechte Frau als ich, / und keine minder glückliche. Dies Wort / schliesst Alles ein." – Sobeide: „Einschliessen ist das Wort! / In Euer Schicksal war ich eingeschlossen: / nun thut das Leben dieses Mannes hier / die Pforten auf, und diesen Augenblick, / den einz'gen, athme ich in freier Luft: / nicht Eure mehr, und noch die Seine nicht."[25]

In „Der Abenteurer und die Sängerin" bediente der Dichter sich einer Episode aus den Lebenserinnerungen Casanovas. Dieser berichtete, wie er in Florenz

---

24 (Gattungsbezeichnung:) Dramatisches Gedicht in einem Act. (Dazu:) Der Abenteurer und die Sängerin oder Die Geschenke des Lebens. In einem Aufzug, beide (zusammen mit: Die Frau im Fenster) in: Hugo von Hofmannsthal. Theater in Versen (1899). – Nunmehr in: Hugo von Hofmannsthal, Sämtliche Werke Bd. 5, Dramen 3, hrsg. v. Manfred Hoppe, Frankfurt am Main 1992. Darin: Die Hochzeit der Sobeide, S. 7-66 (auch: Zusatz-Scene, S. 67-73; aus dem Nachlass: neue Fassung, S. 75-93); Der Abenteurer und die Sängerin, S. 95-177 (außerdem: zwei Bühnenbearbeitungen, S. 179-299). – Hofmannsthal arbeitete an diesen Stücken 1897/98. Sie wurden beide am 18. März 1899 uraufgeführt.
25 Hugo von Hofmannsthal: Sämtliche Werke Bd. 5 (wie Anm. 24), S. 14.

seine ehemalige Geliebte Thérèse wieder traf und erst nun entdeckte, dass er einen Sohn von ihr habe. In Hofmannsthals Drama figuriert Casanova unter dem Namen Baron Weidenstamm. Dieser trifft die Sängerin Vittoria wieder und erfährt von seiner Vaterschaft, zudem aber, dass sie mit Lorenzo Venier verheiratet ist. Vittoria liebt offensichtlich den Abenteurer noch, den Vater ihres Kindes. Doch gelingt es ihr nicht, ihn zu halten; nach dem Wiederfinden der Geliebten, die ihm das erste Sehen seines Kindes ermöglicht, bricht er auf, neuen Abenteuern entgegen. Mehring wertete dies Stück höher als „Die Hochzeit der Sobeide": „die ganz geschickte Dramatisierung eines Tages aus dem Leben Casanovas" (M 526).

Fazit

Mehrings Kritiken, worin er wichtige österreichischer Dramatiker und ihre Werke einem deutschen bzw. Berliner Publikum vorstellte, sind in ihrer Art vorbildliche, weil instruktive und sehr kompakte Kurzessays. In ihnen, wie in fast allem, was er schrieb, erweist der Kritiker sich als Schriftsteller höchsten Ranges. Er vollbrachte darin ein Mehrfaches: Er charakterisierte die Wiener Theaterlandschaft, bestimmte das historische Umfeld der Autoren und ihrer Bühnenstücke und merkte an, wie diese sich zur Ästhetik der Epoche und zur Entwicklung literarischer Strömungen verhielten. Dazu trug er eine prägnante Charakteristik jedes einzelnen Autors vor und umriss das jeweils zu besprechende Werk.

Die Literaturforschung unserer Tage wird ihm nicht in sämtlichen Details zustimmen. Aber das ist auch gar nicht nötig. Sie wird ihm jedenfalls lassen müssen, dass seine Urteile wohlbegründet sind und dass sie noch nach einer Zeit von mehr als einem Jahrhundert im Wesentlichen Bestand haben.

Vor allem wird ihm der Ruhm nicht streitig zu machen sein, dass er seine literaturkritischen Überlegungen nicht den „unbefriedigten Jünglingen in grünem Sammet" oder Börsenjobbern des 19. Jahrhunderts zuliebe anstellte, sondern dass er sie „den arbeitenden Klassen" zudachte.

Bremer Beiträge zur Literatur- und Ideengeschichte

Herausgegeben von Thomas Metscher und Wolfgang Beutin.
Mitbegründet von Dieter Herms

Literatur- und Ideengeschichte stehen nicht isoliert im geistigen Raum, sondern sind Komponenten der Geschichte der Gesellschaft .So ist die Literaturgeschichte im Verständnis der Herausgeber Teil einer gesellschaftlich-historisch orientierten Literaturwissenschaft, die Werkinterpretation und Literaturtheorie einschließt. Angestrebt wird, über den traditionellen Begriff nationaler Literaturen hinaus, eine Orientierung auf Weltliteratur. Ideengeschichte wird in einem umfassenden Sinn verstanden: bezogen auf ideelle Artikulationen in Künsten, Mythos, Religion und Philosophie. Diese werden als gesellschaftliche Bewußtseinsformen aufgefaßt. In den Zusammenhang solcher Aufgabenstellung gehört auch die theoretische Grundlagenforschung: so Studien zur Theorie ideeller Artikulationen, des Bewußtseins, der Kultur und der Künste.

Band 1 Horst Rößler: Literatur und Arbeiterbewegung. Studien zur Literaturkritik und frühen Prosa des Chartismus. 1985.

Band 2 Priscilla Metscher: Republicanism and Socialism in Ireland. A Study in the Relationship of Politics and Ideology from the United Irishmen to James Connolly. 1986.

Band 3 Hagal Mengel: Sam Thompson and Modern Drama in Ulster. 1986.

Band 4 Gudrun Kauhl: Joseph Conrad: *The Secret Agent*. Text und zeitgeschichtlicher Kontext. 1986.

Band 5 Ingrid Kerkhoff: Poetiken und lyrischer Diskurs im Kontext gesellschaftlicher Dynamik. USA: »*The Sixties*«. 1989.

Band 6 Jennifer Farrell: "Keats – The Progress of the Odes. Unity and Utopia." 1989.

Band 7 Eckhardt Rüdebusch: Irland im Zeitalter der Revolution, Politik und Publizistik der United Irishmen 1791–98. 1989.

Band 8 Rudolf Fritsch: Absurd oder grotesk. Über literarische Darstellung von Entfremdung bei Beckett und Heller. 1990.

Band 9 Dieter Herms (ed.). Upton Sinclair. Literature and Social Reform. 1990.

Band 10 Karin Brenner: Theorie der Literaturgeschichte und Ästhetik bei Georg Lukács. 1990.

Band 11 Thomas Sorge: Gespielte Geschichte. Die ausgestellte Fiktion in Morus' Utopia und in Shakespeares englischen Historienspielen. 1992.

Band 12 Wolfgang Beutin / Klaus Lüders (Hrsg.): Freiheit durch Aufklärung: Johann Heinrich Voß (1751–1826). Materialien einer Tagung der Stiftung Mecklenburg (Ratzeburg) und des Verbandes Deutscher Schriftsteller (Landesbezirk Nord) in Lauenburg / Elbe am 23.–25. April 1993. 1995.

Band 13 Wolfgang Beutin / Thomas Bütow (Hrsg.): Gottfried August Bürger (1747–1794). Beiträge der Tagung zu seinem 200. Todestag vom 7. bis 9. Juni 1994 in Bad Segeberg. 1994.

Band 14 Günter Hartung: Außenseiter der Aufklärung. Internationales Kolloquium Halle a. d. Saale 26. –28. Juni 1992. 1995.

Band 15 Raimund Kemper: *Il était un petit navire* ... Zur Archäologie der *Narrenschiff*-Phantasien Michel Foucaults. 1996.

Band 16 Armin Bernhard: Der Bildungsprozeß in einer Epoche der Ambivalenz. Studien zur Bildungsgeschichte in der *Ästhetik des Widerstands*. 1996.

Band 17 Alfred Raucheisen: Orient und Abendland. Ethisch-moralische Aspekte in Wolframs Epen *Parzival* und *Willehalm*. 1997.

Band 18 Susanne Dähn: Rede als Text. Rhetorik und Stilistik in Luthers Sakramentssermonen von 1519. 1997.

Band 19 Wolfgang Beutin: ANIMA. Untersuchungen zur Frauenmystik des Mittelalters. Teil 1: Probleme der Mystikforschung – Mystikforschung als Problem. 1997.

Band 20 Wolfgang Beutin / Wilfried Hoppe (Hrsg.): Franz Mehring (1846–1919). Beiträge der Tagung vom 8. bis 9. November 1996 in Hamburg anläßlich seines 150. Geburtstags. 1997.

Band 21 Wolfgang Beutin / Thomas Bütow (Hrsg.): Europäische Mystik vom Hochmittelalter zum Barock. Eine Schlüsselepoche in der europäischen Mentalitäts-, Spiritualitäts- und Individuationsentwicklung. Beiträge der Tagungen 1996 und 1997 der Evangelischen Akademie Nordelbien in Bad Segeberg. 1998.

Band 22 Cecile Sandten: Broken Mirrors. Interkulturalität am Beispiel der indischen Lyrikerin Sujata Bhatt. 1998.

Band 23 Wolfgang Beutin: ANIMA. Untersuchungen zur Frauenmystik des Mittelalters. Teil 2: Ideengeschichte, Theologie und Ästhetik. 1998.

Band 24 Horst Höhne: Percy Bysshe Shelley, Leben und Werk. 1998.

Band 25 Sabine Bröck: White Amnesia – Black Memory? American Women's Writing and History. 1999.

Band 26 Dominik Pietrzik: Die Brandan-Legende. Ausgewählte Motive in der frühneuhochdeutschen sogenannten "Reise"-Version. 1999.

Band 27 Wolfgang Beutin / Wilfried Hoppe / Franklin Kopitzsch (Hrsg.): Die deutsche Revolution von 1848/49 und Norddeutschland. Beiträge der Tagung vom 15. bis 17. Mai 1998 in Hamburg. 1999.

Band 28 Wolfgang Beutin: *Die Revolution tritt in die Literatur*. Beiträge zur Literatur- und Ideengeschichte von Thomas Müntzer bis Primo Levi. 1999.

Band 29 Wolfgang Beutin: ANIMA. Untersuchungen zur Frauenmystik des Mittelalters. Teil 3: Tiefenpsychologie – Mystikerinnen. 1999.

Band 30 Ulf Schulenberg: Zwischen Realismus und Avantgarde. Drei Paradigmen für die Aporien des Entweder-Oder. William Faulkners *The Sound and the Fury*. Cormac McCarthys *Suttree*. Toni Morrisons *Beloved*. 2000.

Band 31 Wolfgang Beutin / Thomas Bütow (Hrsg.): *Gottes ist der Orient! Gottes ist der Occiddent!* Goethe und die Religionen der Welt. Beiträge der Tagung vom 28. bis 30. Mai 1999 der Evangelischen Akademie Nordelbien, Bad Segeberg. 2000.

Band 32 Sebastian Berg: Antirassismus in der britischen Labour Party. Konzepte und Kontroversen in den achtziger Jahren. 2000.

Band 33 Janny Dittrich: Willibald Alexis in Arnstadt. Geschichts- und literaturwissenschaftliche Untersuchungen über ein Dichterleben in der zweiten Hälfte des 19. Jahrhunderts. 2001.

Band 34 Wolfgang Beutin / Holger Malterer / Friedrich Mülder (Hrsg.): "Eine Gesellschaft der Freiheit, der Gleichheit, der Brüderlichkeit". Beiträge zur Tagung zum 100. Todestag Wilhelm Liebknechts am 21. und 22. Oktober 2000 in Kiel. 2001.

Band 35 Heewon Lee: Kunst, Wissen und Befreiung. Zu Peter Weiss' *Ästhetik des Widerstands*. 2001

Band 36 Georg Mondwurf: Giuseppe Verdi und die Ästhetik der Befreiung. 2002.

Band 37 Elke Weiß: John Irving und die Kunst des Fabulierens. 2002.

Band 38 Horst Höhne: Die Bettleroper – Ein Bastard der englischen Bühne zu Anfang des 18. Jahrhunderts. Ihre Beziehung zur Genesis des Romans der Aufklärungsepoche. 2002.

Band 39 Karin Bang: Aimez-moi! Eine Studie über Leopold von Sacher-Masochs Masochismus. 2003.

Band 40 Thomas Metscher: Welttheater und Geschichtsprozeß. Zu Goethes *Faust*. 2003.

Band 41 Friedrich Mülder: Johannes Trojan 1837–1915. Ein Spötter und Poet zwischen Kanzler und Kaiser. 2003.

Band 42 Raimund Kemper: *Es waren schöne glänzende Zeiten* oder "Der Geist, der den Arm der Deutschen stählt". 2003.

Band 43 Johann Dvořák (Hrsg.): Radikalismus, demokratische Strömungen und die Moderne in der österreichischen Literatur. 2003.

Band 44 Heidi Beutin / Wolfgang Beutin: *Rinnsteinkunst?* Zur Kontroverse um die literarische Moderne während der Kaiserzeit in Deutschland und Österreich. 2004.

Band 45 Heidi Beutin / Wolfgang Beutin / Holger Malterer / Friedrich Mülder (Hrsg.): 125 Jahre Sozialistengesetz. Beiträge der öffentlichen wissenschaftlichen Konferenz vom 28.–30. November 2003 in Kiel. 2004.

Band 46 Horst Höhne: Die Stadt der Romantiker. Paradoxien einer Haßliebe. 2005.

Band 47 Heidi Beutin / Wolfgang Beutin / Ernst Heilmann (Hrsg.): *Es dämmert ein neuer Glaube an Freiheit und Ehre*. Der 8. Mai 1945. Beiträge zur politischen Tagung mit Kunstausstellung im Dokumentationszentrum Prora / Rügen (7. / 8.5.2005). 2006.

Band 48 Peter Hvilshøj Andersen: Die Nibelungen zogen nach Dänemark. Eine Neuinterpretation der Erzählung *Von Hven zwischen Seeland und Schonen*. 2007.

Band 49 Heidi Beutin / Wolfgang Beutin / Holger Malterer (Hrsg.): „Wenn wir es dahin bringen, daß die große Menge die Gegenwart versteht...". Zum 150. Todestag von Heinrich Heine. Beiträge einer Tagung in Berlin vom 17.–19. März 2006. 2007.

Band 50 Heidi Beutin / Wolfgang Beutin: Historiographie zwischen Mythologie und Ideologie. Zur Geschichtsschreibung des Mittelalters und zu einigen Formen der Geschichtsdichtung der Neuzeit. 2007.

Band 51 Wolfgang Förster: Klassische deutsche Philosophie. Grundlinien ihrer Entwicklung. 2008.

Band 52 Heidi Beutin / Wolfgang Beutin: *Schöne Seele, roter Drache*. Zur deutschen Literatur im Zeitalter der Revolutionen. 2008.

Band 53 Heidi Beutin / Wolfgang Beutin / Heinrich Bleicher-Nagelsmann / Holger Malterer (Hrsg.): *Dann gibt es nur eins!* Von der Notwendigkeit, den Frieden zu gestalten. Beiträge der Konferenz anläßlich des 60. Todestages von Wolfgang Borchert. 2008.

Band 54 Willi Beitz: Michail Scholochow – im Duell mit der Zeit. Beiträge zu Leben und Werk. 2009.

Band 55 Heidi Beutin / Wolfgang Beutin / Ernst Heilmann (Hrsg.): Widerstand – gestern und heute. Beiträge der Konferenz vom 18.–20. April 2008 im Dokumentationszentrum Prora / Rügen. 2009.

Band 56 Heidi Beutin / Wolfgang Beutin / Heinrich Bleicher-Nagelsmann / Holger Malterer (Hrsg.): Ernst Barlach (1870–1938). Sein Leben, sein Schaffen, seine Verfolgung in der NS-Diktatur. 2009.

Band 57 Heidi Beutin / Wolfgang Beutin / Heinrich Bleicher-Nagelsmann / Holger Malterer (Hrsg.): *Die Frau greift in die Politik*. Schriftstellerinnen in Opposition, Revolution und Widerstand. 2010.

Band 58 Heidi Beutin / Wolfgang Beutin / Ralph Müller-Beck (Hrsg.): *Das waren Wintermonate voller Arbeit, Hoffen und Glück...* Die Novemberrevolution 1918 in Grundzügen. 2010.

Band 59 Jost Hermand: *Die Toten schweigen nicht*. Brecht-Aufsätze. 2010.

Band 60 Thomas Metscher: Logos und Wirklichkeit. Ein Beitrag zu einer Theorie des gesellschaftlichen Bewusstseins. 2010.

Band 61 Johann Dvořák (Hrsg.): Aufklärung, Demokratie und die Veränderung der gesellschaftlichen Verhältnisse. Texte über Literatur und Politik in Erinnerung an Walter Grab (1919–2000). 2011.

www.peterlang.de